NF文庫
ノンフィクション

史論 児玉源太郎

明治日本を背負った男

中村謙司

潮書房光人社

はじめに

「児玉男爵、内務大臣を去って参謀本部次長の職に就かるるに会す。もって天の未だ我が帝国を棄てざるを知る」

日露戦争の前年、児玉源太郎の参謀本部着任を迎えた参謀本部総務部長・井口省吾少将の日記の記述である。

内務大臣兼台湾総督という地位から、二枚格下の参謀本部次長に「降格人事」で就任、日本軍の軍略の中核を担うことになった児玉が、いかに周囲から期待されていたかがわかる。

開戦後に児玉は新設された満州軍の総参謀長となって旅順攻略などの作戦を成功させ、日本を勝利に導いた。

しかし、児玉の真価はけっして軍事的戦術のみに発揮されたのではなかった。前述のように台湾総督、内務大臣をはじめ、陸軍大臣、文部大臣、南満州鉄道株式会社設立委員長などの要職を歴任して、それぞれで実績をあげているのである。
並はずれた才能を持ちながら地位や名誉を求めず、全力で職責を果たしながらも、日露戦争終結の翌年、こころざし半ばで急逝した児玉の生涯を追い、維新後四十年で列強の一角を占めるにいたった日本の発展の過程に児玉が果たした役割とその思想、児玉が目指した日本の未来像を検証してみたい。

著　者

史論 児玉源太郎——目次

第一章　激動の生涯

第二章　台湾総督時代

第三章　対露戦争への布石

第四章　日露戦争

第五章　講和後

第六章　児玉が遺したもの、遺せなかったもの

史論 児玉源太郎

明治日本を背負った男

第一章　激動の生涯

臥薪嘗胆の少年時代

児玉源太郎が生まれたのは、ペリーが久里浜に来航した前年の一八五二年（嘉永五年）閏二月で、寺内正毅、山本権兵衛、さらに明治天皇も同年の生まれである。

児玉家は毛利の支藩、徳山毛利藩の中級武士であった。

毛利家は、関ヶ原の役以前は、中国地方の八割を勢力下におく大大名であったが、関ヶ原の役では西軍の総大将に祭りあげられ、戦闘には参加していなかったが、敗戦の責を受ける立場に立たされ、徳川家康の方針で、防長二州（周防、長門の二国。現在の山口県）三十六万石に大幅減封された。当然その大波は家臣に及ぶが、我慢して藩主に従い防長二州に移った。

この当時から「いつか再起」を旗印に、武士はもちろんのこと平民たちも臥薪嘗胆の生活に入る。一方、塩の生産など産業の振興に努めて、幕末のころには禄高の倍の実力があったといわれる。また、それで得た資金は、いざという時のため貯えていた。

他方、幕末に入る嘉永年代、すなわち一八五〇年ごろ、毛利の本拠地萩《はぎ》に、開明的で情熱家の吉田松陰青年があらわれ、松下村塾をおこした。ここでは身分を問わず、有能な若者を集め、新時代の教育を行なった。

吉田松陰は、当時の清国を始め東洋の諸国が次々と欧米の列強に侵略されていくのを知り、いずれその鉾先は日本に向かってくるであろうが、日本の現状でその国難が克服できるか、危機感を持っていた。

この当時、長い幕藩体制に慣れた武士社会は遊惰に流れ、また社会の底辺を支える農民たちは、長く続く搾取に、そしてそのころ頻発していた天災の苦しみに、将来への希望を失い、一時の享楽に走る者が多かった。

このような状況で、果たして日本の独立が維持できるのか。そこで吉田松陰は、今の幕藩体制や身分制度を打ち壊し、天皇を中心として、すべての国民が一丸となった政府をつくり、外圧に対抗しなければならぬと世に訴えていた。

一八六一年（文久元年）、ロシアの軍艦が突然、対馬に現われ、次々と軍隊を上陸させ占拠するという事件が起こった。幕府はたびたび退去を要求するが、まったく受け入れられないで六ヵ月が過ぎた。幸い、英国軍艦が現われ、強硬に退去を要求し実行されて、ことなきを得たが、幕府すなわち日本の無力を如実に示した事件であった。

対馬は長州からみると海峡をへだてた対岸で、何かと関係が深い。しかも毛利藩の本拠、萩の指月城は、日本海に突き出た小さい半島の小高い山にある。外国の軍艦から砲撃されたらひとたまりもない。さっそく城を捨て藩主らは山口へ移るのである。

吉田松陰はこの二年前、世間を騒がす者として江戸送りとなり橋本左内らと処刑されていたが、この事件は松陰の警告が早くも現実のものとなって、危険が長州に迫っていることを教えた。

そこで吉田松陰の唱えた、

「この危機を克服するためには、いままでの幕藩体制と身分制度を壊し、天皇のもと、一致団結してあたらなければならぬ」

という尊皇の教えが、新興宗教のように防長二州に広がり、充満した。

毛利藩内はこの対馬事件を境に、吉田松陰が提唱した尊皇攘夷の正義派が急に力をつけた。しかし、長年幕府の監視下にあって、お家安泰を守ろうとする恭順派も根強いものがあった。

そんななか、急進的藩士が一八六四年（元治元年）、尊皇の志に基づく行動で、誤解されていることの申し開きのため、京都に向かったが、逆に朝敵の汚名を受けるようになり敗退した。ここに第一次長州征伐の動きが始まった。

また、先に長州藩は関門海峡航行中のアメリカ、フランス、オランダの艦船に砲撃をしかけていた。その報復として八月、イギリスを加えた四ヵ国の軍艦十七隻が、下関砲台に攻撃を掛けた。

ここで毛利藩は散々な敗北となり、高杉晋作を首席とする交渉で、開港等の条件を呑んで和議、また長州征伐の幕府側には、正義派（尊皇派）の家老三名を含む重臣に切腹を命じ、その首を持って恭順を誓い、切り抜けた。当然、毛利各藩は恭順派の天下となった。

児玉源太郎の父、児玉半九郎は熱烈な尊皇攘夷論者で、藩内では思想的な影響力があった。他方、当時の藩政を牛耳る冨山源次郎は恭順派で、児玉半九郎の存在は邪魔になる。そこで半九郎に自宅蟄居謹慎を命じた。半九郎はストレスがこうじ、ついに悶死した。その後を継ぐべき源太郎は四歳で後継の資格がない。

そこで、長女ヒサ（久子）に婿を取り（巌之丞改め次郎彦）後継とした。しかし、彼も熱烈な尊皇の信奉者で、かつ行動的であったので、仲間の過激な行動に連座し、冨山の差し向けた刺客により自宅の玄関先で刺殺された。

源太郎は、このときは外出していたが、この知らせを受け、帰途を急ぐと、玄関先は一面血の海である。しかも藩主にあらがう者として殺された死体の片付けに手を貸す者はいない。

十二歳の源太郎は、母と二人だけで片付けなければならなかった。源太郎にとって、死がいかに残酷なものであるか、思い知らされた一件であった。

この事件以後、児玉家は禄を失い、武家屋敷から追われることになる。それからというもの、縁者を頼り、転々とするが、世間は冷たく、暖かく迎えられることは一度もなかった。収入は、母と姉の賃仕事だけ、食うのに精一杯の状況であった。

このような中でも、母は源太郎に学問を身に付けさせたくて、以前から信頼をしていた島田蕃根の塾にかよわせた。しかし源太郎には昔の仲間からも家無き子、浪人者とさげすむ言葉が浴びせられた。屈辱の日々を送っていく。

転機の訪れ

源太郎に転機が生じるのは、幕末という時代であった。

吉田松陰の教育を受けた高杉晋作は、先の四ヵ国の軍艦により下関砲台が散々打ち砕かれたとき、家老待遇で和議をまとめ、藩内で重きをなしていたが、以前から夷狄に備え、庶民出身の青年を訓練し、奇兵隊等の軍隊を養っていた。また下関の藩兵器庫に最新のライフル銃が蓄えられていたことも承知していた。

そこで藩を恭順派の天下から正義派（尊皇派）に変えたいと決心し、伊藤博文らに呼びかけた。それに呼応して伊藤の他にも多くの庶民兵が参加、勢いを駆って藩の兵器庫を襲い、武器を手に入れることができた。そのあとで山県有朋も奇兵隊を率いて参加した。

高杉晋作はこの兵力を率いて、藩政府のある萩に向かって進撃を開始した。そこには鎧、兜に身を固めた武将を混える恭順派の軍が待っていた。高杉軍はまず銃撃を浴びせ、敵の乱れに乗じて追撃、この戦闘は高杉軍の大勝となり、毛利藩は正義派の天下に変わった。そして武装恭順で藩論を統一した。

武装恭順とは、「幕府と協調出来るところは協調するが、こちらの考えが通せぬときは、当方独自の歩みを進めざるを得ない。そのためには武力も備えておかねばならぬ」ということである。

徳山毛利藩にもこの流れは通じ、恭順派の冨山源次郎は失脚、児玉家の名誉は回復し、源太郎は二十五石の中小姓に取り立てられた。

また、幕府との対戦に移ったときの徳山毛利藩の姿勢をただすため、宗藩から、宍戸備前、前原一誠がたずねてきた。これに対しては、そのために既に組織が進んでいた山崎隊隊長の大野円下らが当たり、宍戸備前らも満足して帰った。また大野円下は来るべき難局に命を懸けることを誓い、血判状の議が進んだ。

当時毛利藩内は、いずれ幕府との決戦は避けられないとの空気が充満し、各地でこの戦に参加するという若者の集団が次々に名乗り出て、藩として産業に支障が出るからと抑制するほどであった。

メッケル少佐の賛辞

児玉源太郎は、一八六六年（慶応二年）六月以来、戊辰戦争では十五歳で半隊司令（小隊長）として箱館の討幕軍に参加している。その凱旋の帰途、京都河東のフランス式歩兵伝習所に入所する。その後、短い期間で累進、一八七二年（明治五年）七月、二十歳で陸軍大尉に進んだ。

一八七四年（明治七年）の佐賀の乱、一八七六年（明治九年）の神風連の乱に遭うが、果断、機敏な処置で事態を収拾し、一八七七年（明治十年）の西南の役では、熊本籠城戦より戦い、その名を中央にも知られるようになった。

その後、帝国陸軍は、迫り来る欧米列強の侵略に備えて、それまでフランス式兵制であったものを普仏戦争でその優秀さが証されたドイツ式兵制に変革していくことに決定した。そのときの参謀本部長は山県有朋、次長に川上操六（薩摩藩出身で陸軍のホープと言われた）、陸軍大臣は大山巌、総務局長桂太郎である。その中で実質的に制度をまとめあげていく作業の中心となるべき川上操六と桂太郎の間がぎくしゃくしてまとまらないことが多い。

そこで、川上操六は、一八八五年（明治十八年）、児玉源太郎を参謀本部の管東局長に起用してまとめあげさせた。

その川上の源太郎評は、「児玉は頭が良いし、エラそうにせず、人の意見をよく聞き公平である。長州人であるが長州閥を感じさせない」と誉めている。

同じ年五月、ヨーロッパ随一の戦術家と言われたドイツのメッケル少佐を陸軍大学校に迎えて、当時の日本陸軍の中堅幹部を対象に、将帥に求められる兵団の戦術を中心に教えを受けた。

メッケルは、大軍を動かす参謀や司令官の心得のほか、欧州列強の間で当然のように行なわれている謀略戦のことも実例を挙げ詳しく教えた。

また、陸軍もいずれ起こる対露戦に備えよく研究を続けていた。この欧州列強の謀略戦への備えは、少なくとも対露戦勝利を確実にするまでは、児玉のみならず陸軍内では完全に生かされていた。

児玉源太郎もその授業を受けつつ、軍制や作戦用兵等、制度の近代化に活かしている。

一八八八年（明治二十一年）三月、メッケルが任期を終え帰国するに際し、ある人物がわが陸軍の中で誰を英才と思うかと聞いた。

メッケルは即座に、「児玉と小川（又次、のち第四師団長、陸軍大将。陸軍戦略の先駆者と言われた）でしょう。両大佐は作戦計画の奥義を理解している。ことに児玉は非凡で器が大きく、他人の進言を容れ意見を聞く。彼は参謀として軍司令官として、大兵を率いて誤りなく自由に動かす能力を持っている。理想的天分に恵まれている」と絶賛している。

兵器国産化を促進

児玉は一八八七年（明治二十年）、監軍部参謀長に任ぜられた。

そして一八九一年（明治二十四年）十月、児玉少将は、はじめてヨーロッパ視察旅行の機会を得た。監軍部は軍隊の教育が主務であるが、この旅行で彼が最も期待したのは、ドイツ軍の戦力の源泉、兵器製造工場である。特にエッセンのクルップ社の工場の精巧にして大規模なことには、驚くと同時に、自前の兵器生産が出来なくては独立が果たせないと深く感銘し、帰国後は機会あるごとにその促進に努力した。

一八九二年（明治二十五年）八月、児玉少将は欧州調査旅行から帰るや、陸軍次官に就任し、その地位に五年四ヵ月在任した。その間に東京小石川にあった東京砲兵工廠を大規模に拡充し、主として小銃の生産にあたらせた。ここで製造された村田銃は世界の標準を超す程のものであったし、さらにこれを改良した三十年式歩兵銃は日本人の体力に合わせたもので、弾道学からいっても画期的で、世界に誇れるものであった。

また、大阪砲兵工廠は元来徳川幕府が長崎に持っていた兵器工場を、一八七〇年（明治三年）、設備技術者とも、大阪に移したのが起源とされているが、これを大幅に拡充したものである。日露戦争の旅順要塞攻略戦で威力を発揮した二十八センチ榴弾砲を始めとして、大砲など大型のものを主として生産した。特記すべきことは、釜石産銑鉄と国内産石炭を用いた平炉を備え、良質な鋼材を供給できたことで、工場敷地面積百十五万平方メートル（甲子園球場二十八個分）、職工数二万人の大兵器生産拠点に成長している。

陸軍次官としての児玉源太郎は、大山巌陸軍大臣のもと次官兼軍務局長に任命された。大山が日清戦争の第一線に立って以降は、陸軍次官として陸軍軍政全般を取り仕切った。また、特に東京・大阪両砲兵工廠の拡充に力をいれたが、一八九五年（明治二十八年）には、戦争に不可欠な鉄鋼をできるだけ国産で賄いたいという気持から、銑鋼一貫作業の官営八幡製鉄所を創設する計画に関与し重要な役割を果たしている。

このことについて少し詳しくふれておきたい。

陸海軍の垣根を越えた視野

わが国の海軍は勝海舟の指導でスタートするが、勝はその任に長く留まる気はなく、その後を川村純義（薩摩）、次いで榎本武揚が海軍卿に就任する。榎本は幕府の軍艦をひきいて箱館にこもり、独立国を考えたほどの自信家であったから、風雅な江戸ッ子気質を改めようとせず省内若手の排斥運動に遭い辞任、その後を川村純義（再任）、西郷従道と薩摩出身者の大臣が続く。しかしまだ省内には岩手出身の本宿宅命ら閥外の俊秀が要職にとどまり実績をあげていた。しかるに山本権兵衛が官房主事に就くと、彼独特の方法で閥外の者を追い出し、薩摩出身者で固めた。

このような人事をみて、一八九一年（明治二十四年）の議会で、ある民選議員が追及を始めると、時の海軍大臣樺山資紀（薩摩）は、藩閥人事の効用を説くなど、人を喰った暴言をはいて、すっかり議会人を怒らせた。

また、同時期のことであるが、清国は一万トン級の本格的甲鉄艦、定遠、鎮遠を中心とする艦隊を、日本への表敬と称して、東京湾に出現させた。当時の日本海軍は、建造中のものを除くとほとんどが木と鋼を組み合わせた軍艦で、大きさにおいても比較にならぬものであった。

明治の初めから西郷隆盛の征韓論があったが、それはロシアが清国の勢力下にある極東シベリアを侵略、満州に迫り、いずれ韓国から日本に及ぶという危機感による。

日本が国内を統一し安定して、将来のことを考えられるようになると、韓国を日本の勢力下の友好国にしておきたいと考えるようになった。しかし、そこに立ちはだかるものがあった。それは宗主国を任ずる清国である。日本の勢力下におくとなると、清国の軍隊を朝鮮半島から追い払わなければならない。それには半島周辺の制海権を確保することが前提になる。そこで定遠、鎮遠と対抗できる艦艇を揃えることが焦眉の急になった。

そこで時の総理大臣伊藤博文は、建艦費を中心に大型の二十六年度予算を議会に提出したが、議会の反対にあう。これを明治天皇も巻き込んだ努力で何とか最小限の建艦費だけは確保した。その詳細は第二章で述べる。

海軍はこの予算のお陰で直ちにイギリス等に、大型艦の発注を進める。その中心が海軍軍令部長に就任していた樺山資紀であった。

樺山は調査を目的に欧州に旅立つが、そこに彼につきまとう一民間人がいた。樺山の従兄弟の赤星弥之助である。赤星は大倉組の傘下で請負業をしていたが、独立して事業を始め、失敗し、当時は無一文になっていた。その赤星は樺山と同じ船に乗り込み、樺山につきまとい、ついに鞄持ちをつとめるまでになった。そして樺山がイギリスのアームストロング社を訪れたときも離れなかった。

アームストロング社は軍艦建造を受注するため、日本に代理店を置く必要ありと考えていた矢先であったので、この赤星に目をつけた。樺山は発注先決定のうえでの有力者である。その身内の者が眼前にいて、商才もありそうだ。赤星も仕事を探していたので話はすぐついた。

樺山の調査旅行が終わり、赤星が帰国してみると、七万円という大金が彼の口座に振り込まれていた。受注工作費という。彼の心はふくらみ、気が大きくなって、豪遊が始まる。今まで無一文だった男の大尽遊びは間もなく世間の注目の的となり、噂が拡がり始めた。これを聞いた議員たちは、元来樺山に対し怒りを秘めていたから、さらに海軍への怒りへと進んだ。

他方、海軍は、小型艦は国産であったから大量の鋼材を必要とする。この鋼材も国産で調達したいと、当時最先端である銑鋼一貫の製鉄所建設を考え、その予算要求を出すが、すげなく否決されてしまった。

児玉源太郎は当時、陸軍次官に就任していたが、前年の欧州旅行で、「ドイツ軍躍進の源泉は大規模で精巧な兵器産業にある。自前ですべての兵器が揃えられないようでは一流国にはなれない」と悟り、帰国していた。それだけに海軍の計画には賛同し応援していたが、それが簡単に否決されたので、なぜだろうと不審に思い、知り合いの政党幹部に会って次のようなことを聞かされた。

国会議員は樺山、ひいては海軍に反感を持っている。そのうえ赤星の行状をみると、海軍は国民の血税をどう思っているのだろうか。そんな海軍に大事業を任すわけにはゆかぬと。

これでは進むはずがない。そこで海軍には、今考えている製鉄所の計画は、単に軍需を賄うだけで小さく、大規模生産のメリットが生かせない、民需を含む大規模のものにしようと持ちかけ、話を農商務省に移すことを承知させた。事実この時代、日本の鋼鉄使用量は急速に増えつつあり、その九割は民需でかつ価格の安い輸入品に向かっていた。

農商務省は後藤象二郎大臣のとき、品質、価格でまさる銑鋼一貫製産の製鉄所が必要と考え、三井、三菱の大資本家に呼びかけたが、いずれも投下資本が大きいうえ、技術的に不安があるとの理由で断られていた。

次の大臣、榎本武揚は、早くから銑鋼一貫の製鉄所を持つべきだと考え、秘かに研究していたほどであるから、児玉から話を聞いて、トントン拍子で計画は進み、一八九六年（明治二十九年）、勅令で農商務大臣の管轄下、創設することに決定した。

このとき、児玉源太郎は陸軍次官にすぎなかったが、彼の思考は早くも軍政だけでなく、国政全般に向けられていた。並の軍政家でなかった。

明治二十年代に入っての児玉について、高級副官だった山内長人（のち中将）は次のように語っている。

「何か出来ると必ず児玉さんが委員に選ばれる。戦前（日清戦争）においても、戦時にあっても児玉さんがいないと事欠くからである。そこでわれわれは何か出来、その委員に児玉さんがあたられるごとに、そらまたと、互いに顔を見合って笑ったものでした。まことに児玉さんなくしては、陸軍省の万事が運ばなかったのです」

決断の冴え

一八九六年（明治二十九年）、日本は日清戦争の結果として台湾を領有するが、歴代の総督は土匪のゲリラに手を焼き、植民政策が進まない。そんな事情のなか、一八九八年（明治三十一年）二月、児玉は第四代台湾総督に就任する。

この台湾統治にあたっては、民政優先でやる方針を明示し、後藤新平を民政長官に昇格させ、その助言に従って、住民古来の生活習慣を尊重し、次に手をつけたのが、行政改革と悪徳日本人官吏の整理である。

それは勅任官を含む千八十人の官吏の首切りである。これには内地から、児玉、後藤に猛烈な非難が向けられたが、動じなかった。

これを伝え聞いた山県有朋は心配していた。そして、総督秘書官横沢次郎が山県を訪ねたとき「児玉は往々にして、才を弄する傾向がある。癇癪が強いのもよくない。前途ある才器ということを自覚し、己れを練るべきである」と苦言を伝えた。

横沢からこれを聞いた児玉は、

「それじゃ、今度ジイさんに会ったら伝えてくれ、君子は豹変すると言ったとな」

この後、児玉の落雷が少なくなった。改めることがあれば改める、という素直さが表われている。

山県が児玉について、「慎重を欠き、軽率にものを言う」と言ったことについて、のちに、山県や寺内の引き立てがあって大将になったといわれる大井成元《しげもと》は、

「児玉さんはよほどの重大事でも、二〜三時間考えて対策を示し意見を述べるので、山県さ

んは軽率で浅いように言うが、当たらない批判だ。ある問題について、児玉さんが二～三時間で考えつく結論に、山県公は六ヵ月を要し、寺内伯になると二年過ぎてなるほどとなる。児玉さんは決して軽率に判断したのではなく、そういう風に冴えていて決断が早く、それでいて、正鵠を失わなかった」と語っている。

公務に私情は持ちこまず

ここで児玉源太郎の私生活を書くことにする。

児玉源太郎の毎日は、公務に全力を尽くすことがすべてであったが、時々賑やかな座敷で一杯やることで気分転換していた。公務に忙殺され、漁色や大酒は慎んだ。そして松子夫人との間には十二人の子（一人は早死）をもうけている。

彼が佐倉連隊長時代、部下を連れて料亭で豪遊するのを楽しみにして、地元の米新楼に多額のツケを溜めてしまった。幸い、おかみの義侠心で棒引きになったが、妻松子は四人の子供を抱え家計のやりくりに四苦八苦していた。

後年、佐倉時代について「このころの私どもは貧しい頂上でございました。出かけるにも一楽の帯一筋でございました」と述べている。

松子は豪商の出、相当の仕度があっただろうが、佐倉では、連隊長夫人ともなるとファーストレディとして招かれることが多かったろうから、苦労のほどが偲ばれる。

監軍部参謀長（少将）時代、大厄が振りかかってきた。実印を他人に預けっ放しにしていたため、その男の不始末で、数人の高利貸しから一万数千円の取り立てを迫られた。児玉源太郎は公務には周到緻密な男であったが、私財のことになると間抜けていた。源太郎が債権者に囲まれ困っていると聞き、桂太郎が駆け付けた。

児玉は、「責任は私にある、回避しようとは思わないが、到底返済できる額ではないから身代限り（破産）の訴訟を起こす以外ない。陸軍は辞めざるを得ないだろうが、覚悟している」と弱音を吐いていた。これを伝え聞いた元長州藩主の世子毛利元徳公が「児玉少将は国のために尽力している。いささか慰労したい」との好意により切り抜けることが出来た。

一九〇二年（明治三十五年）、陸軍大臣の大役を終えた直後、郷里徳山の旧児玉邸内に三五庵という別荘を建てた。

これは自身の設計で、庭の植木や石の按配まで指示するほど力を入れたものであったが、周囲からは「天下一粗末なもの」とこき下ろされていた。しかし、本人は蛙の面に小便で、意に介せず愛用していた。

また続いて郷里の青少年のため、「児玉文庫*」を建てたが、その資金は英照皇太后（孝明天皇妃）崩御の折に大喪事務官を務め、その労に対し三百円給わったので、主としてそれを当てたといわれている。

郷里徳山のことが出たので、練炭製造所設置問題も述べておかねばならない。これは、一九〇三年（明治三十六年）ごろより国内産石炭を練炭にして、主に軍艦の燃料にして効率良く使用しようというものだ。徳山もその有力候補地の一つであった。

そこで、地元では児玉に誘致の応援をお願いした。しかし、徳山は水に問題がないかと慎重であったという。これは児玉源太郎が公のことには、私情を挟んではならないとの厳しい姿勢を示すものである。もちろん郷土には愛着があるが、これは別としている。

児玉源太郎の判断力の冴えについて、大井成元大将が山県公や寺内伯と対比して語ったことは既に述べた。

それは源太郎の頭の構造が特別であったわけではなく、彼が重大な事柄を判断するにあたり、私に関わることは思考の外に置き「国のため」に絞って考えたから早くよい結論が出せたのであろう。「山県公は、例えば派閥のこととか、あれこれ考えることが多いから手間取り、寺内伯に至っては、あれこれ考えることが多すぎて、なかなか結論が出せず、成り行きに任せようとなる」と天の声が聞こえてくるようである。

児玉源太郎は一九〇六年（明治三十九年）七月二十三日、脳溢血で死去。満五十四歳であった。

夕刻、日露戦争の功に対して、金鵄勲章功一級、年金千五百円、桐花大綬章を四月一日にさかのぼり授けられ、特旨をもって従二位に叙すという明治天皇のご沙汰があったほか、特旨賜金として金五万円が遺族に与えられた。児玉源太郎が金がなくてピーピーしていたことを耳にされていて、遺族を慰めようとしてのことである。

＊児玉文庫について

日英同盟が締結されたのが一九〇二年（明治三十五年）一月。この児玉文庫が開所し、そのことが英国の新聞に報道されたのが翌年三月である。当時大英帝国が、小国ながら極東の友好国日本に特別な関心を持ち、何かと話題にしたことは想像できる。

しかし、児玉源太郎は台湾総督として、政治的にも実績をあげつつあり、兼任の陸軍大臣として短期間で難問をまとめ上げるとその地位を後任に譲った。そこで、自由な時間を持つと、郷里の青少年の教育に取りかかった。

欧米先進国のなかでも、特に成熟した英国ジャーナリストの目から見て、後進国日本の軍人としては、特別に新鮮な異色の人物として映ったのではないか。

この私設図書館「児玉文庫」は、たくさんの人から本が寄贈された。文庫の運営内容が記録された一九〇五年（明治三十八年）の報告書には、台湾総督府の技師だった新渡戸稲造、陸軍の桂太郎、寺内正毅の名前もある。一九四五年（昭和二十年）の空襲で焼けるまで、徳山の人人の教育文化普及に貢献をした。

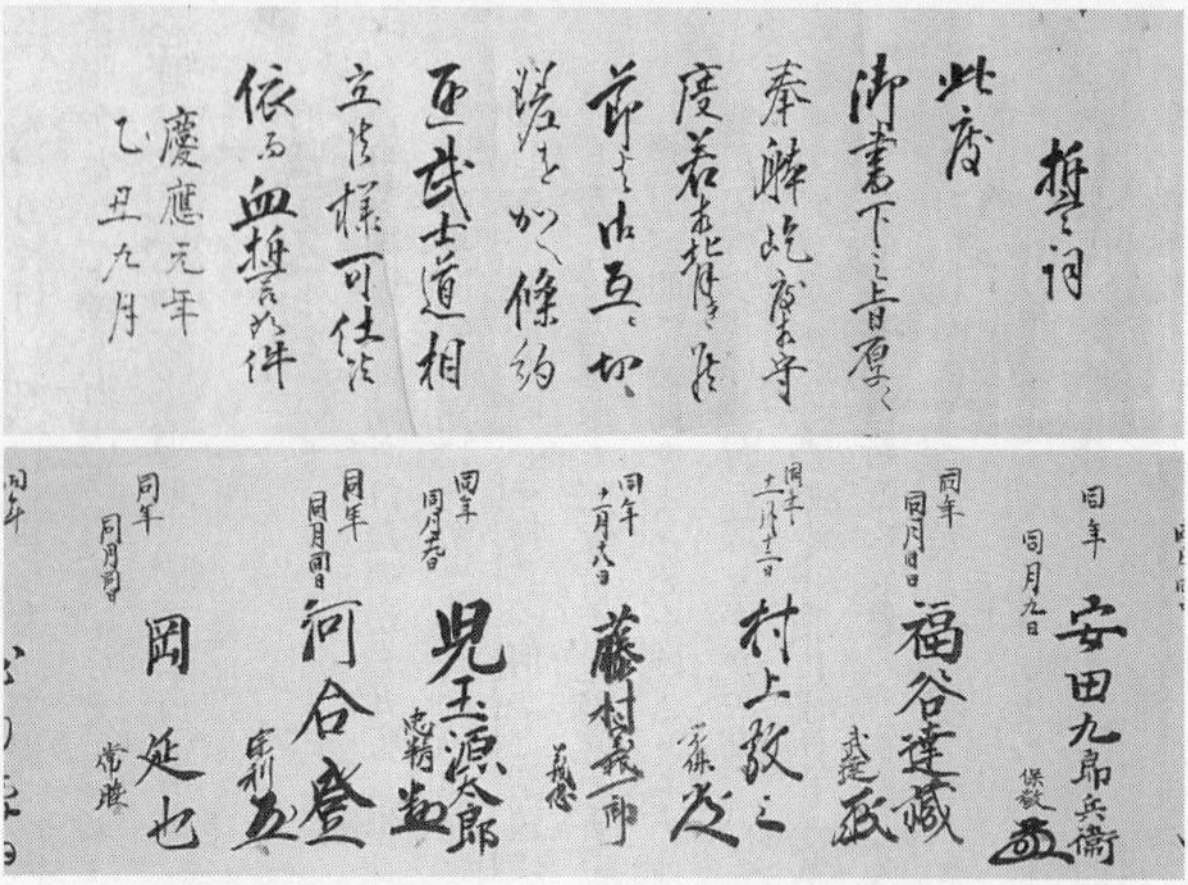

徳山毛利藩は宗藩に同調、慶応元年９月、幕府と対決することに決した。いずれ起こる決戦を前に、若手士族の間で血判状の議がおこり、児玉源太郎も山崎隊隊士であった畏友・藤村儀一郎らと加盟している。

陸軍中尉時代の児玉。

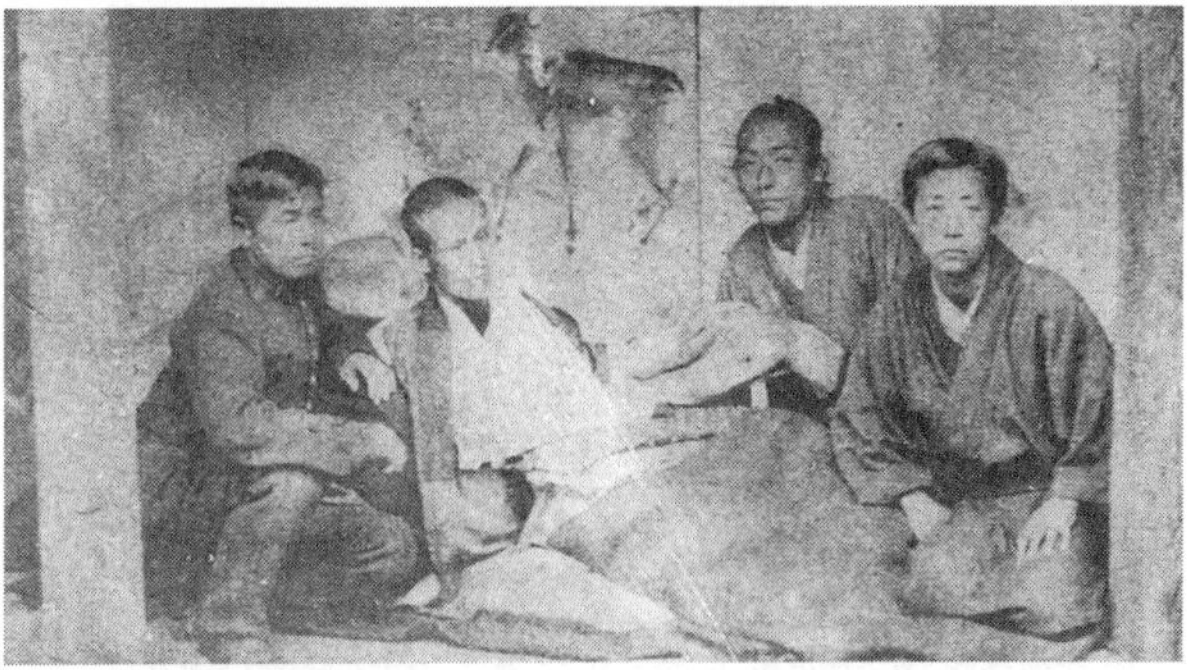

1874年(明治７年)、佐賀の乱で銃弾を受け負傷した児玉源太郎(中央)。

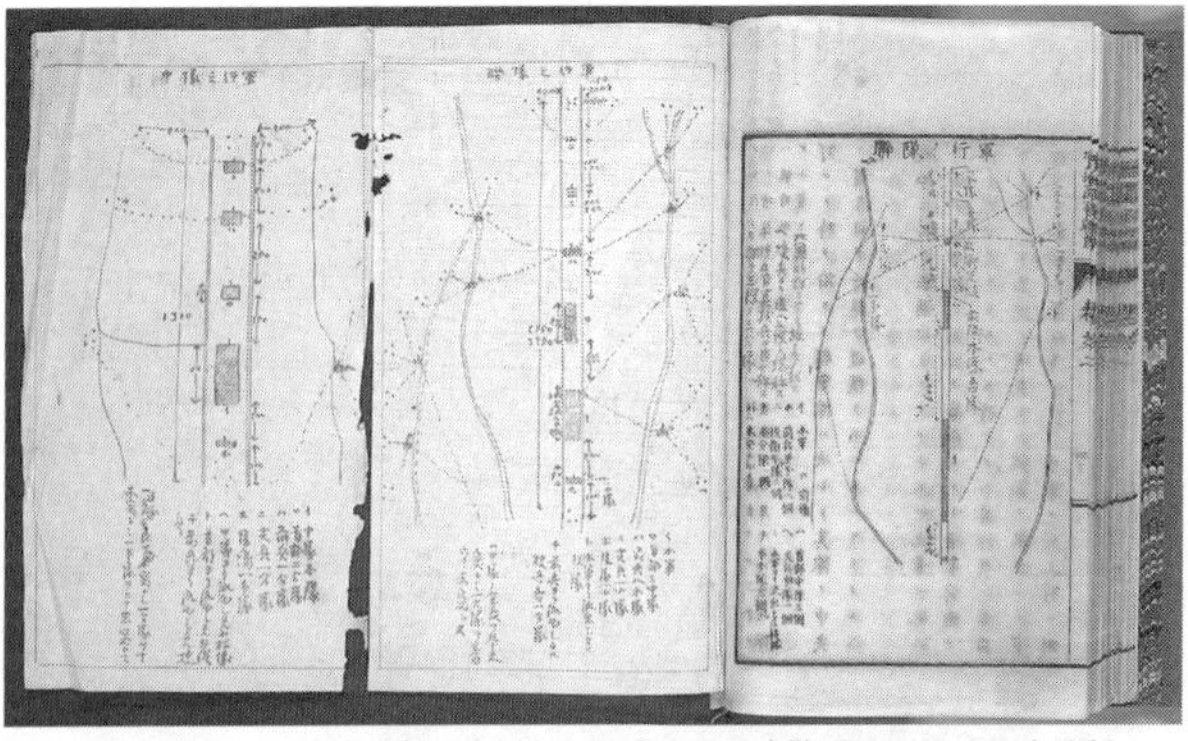

明治18年にドイツ式兵制に変更されるまで、日本陸軍はフランス式兵制を採用していた。写真は明治の初め、児玉が使用していた兵術書「仏国歩兵陣中要務実地演習軌典」。赤インクで細かな注釈が書き込まれている。

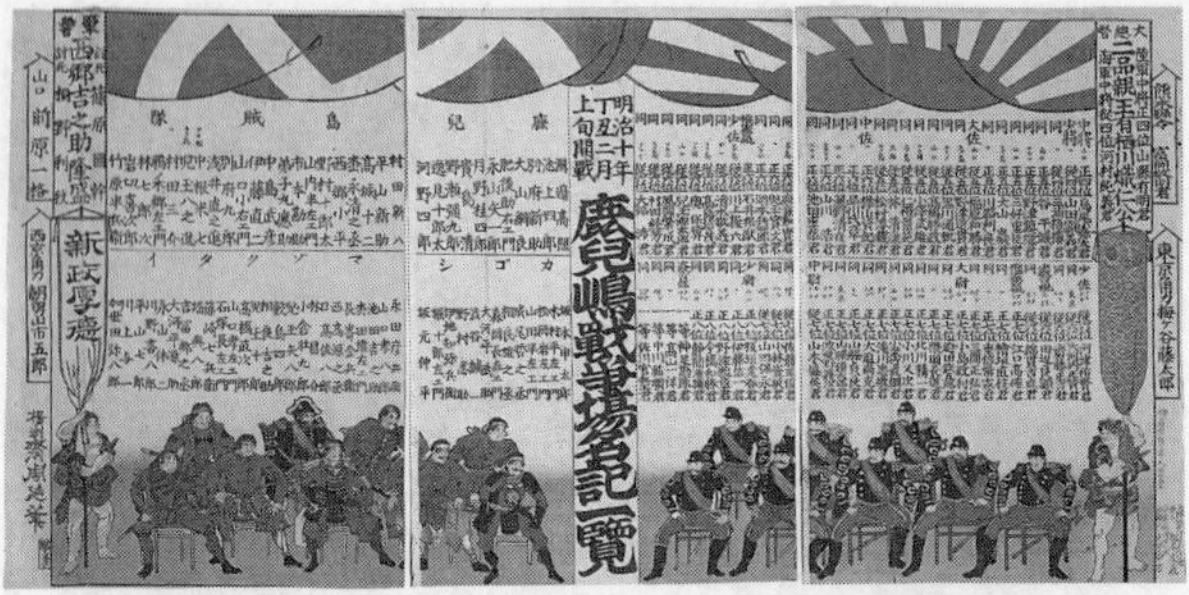

西南戦争を戦った政府軍・西郷軍の主要人物名を列記した「鹿児島戦争場名記一覧」(明治10年、楊洲斎周延筆)。右半分の政府軍側には、総督有栖川熾仁親王、陸軍中将山県有朋、海軍中将川村純義以下の名前が記され、上段左から４番目に「少佐児玉源太郎」の名も見える。

陸軍中佐時代の児玉。歩兵第二連隊長として、佐倉に赴任していた。

陸軍大佐時代の児玉。

参謀本部顧問、陸軍大学校教官として明治18年に来日したドイツ軍のメッケル少佐。児玉ら陸軍の中堅幹部に近代戦術を教えた。

ヨーロッパ視察中の児玉陸軍少将。明治24年10月から10ヵ月にわたる視察旅行で、兵器国産化の必要性を痛感したという。

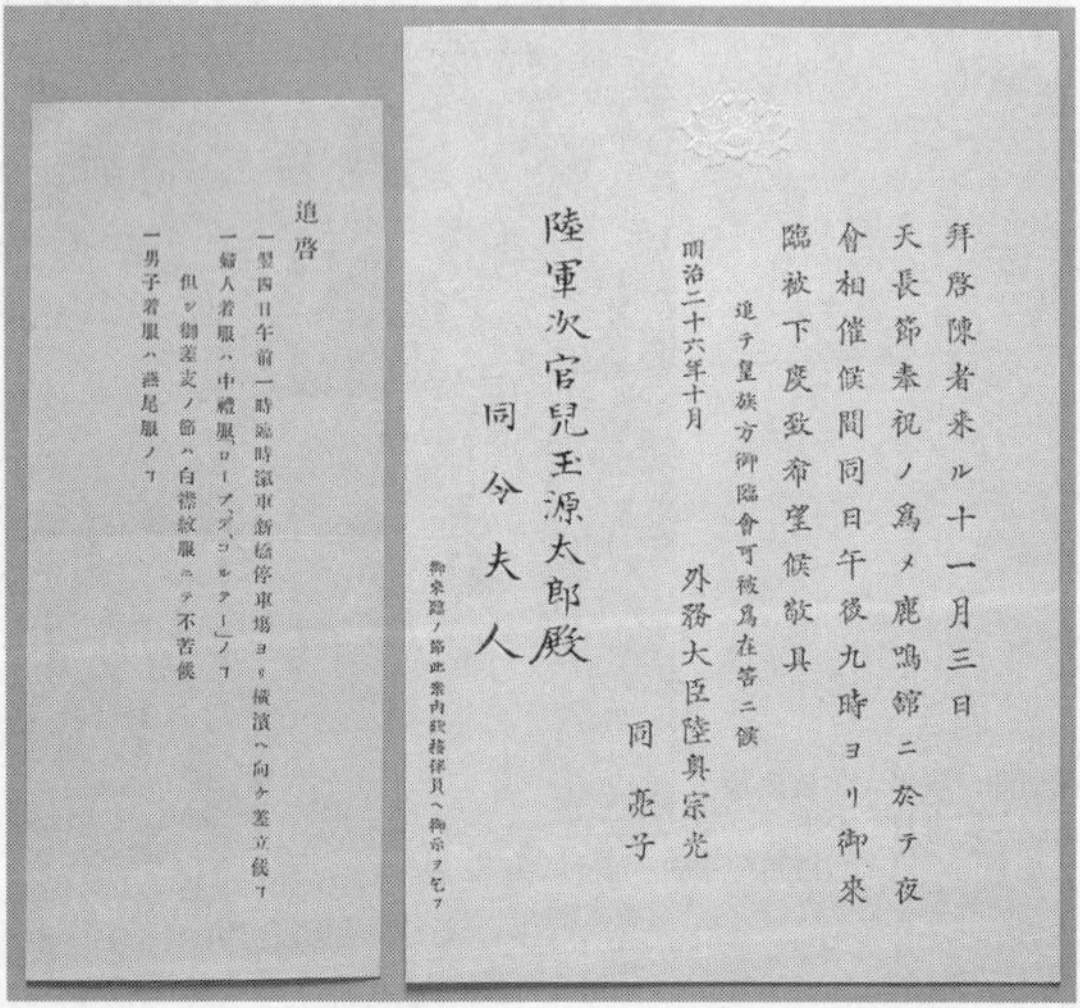

拜啓陳者來ル十一月三日
天長節奉祝ノ爲メ鹿鳴館ニ於テ夜
會相催候間同日午後九時ヨリ御來
臨被下度致希望候敬具
追テ皇族方御臨會可被爲在筈ニ候
明治二十六年十月
外務大臣陸奥宗光
同 亮子
陸軍次官兒玉源太郎殿
同 令夫人
御來臨ノ節此案内状接待員ヘ御示ヲ乞フ

追啓
一翌四日午前一時臨時汽車新橋停車場ヨリ横濱ヘ向ケ差立候ヿ
一婦人着服ハ中禮服「ローブ、デ、コルテー」ノヿ
但シ御差支ノ節ハ白襟紋服ニテ不苦候
一男子着服ハ燕尾服ノヿ

鹿鳴館で催される夜会への招待状。明治26年11月3日の天長節を祝う夜会で、陸軍次官児玉源太郎・令夫人宛である。

明治36年、児玉が私費を投じて郷里徳山に開設した私設図書館「児玉文庫」。

March, 1903. The Anglo-Japanese Gazette.

PUBLIC LIBRARIES IN JAPAN.

児玉夫妻の写真入りで児玉文庫を紹介したイギリスの新聞"THE ANGLO-JAPANESE GAZETTE"の記事(1903年3月号)。

第二章　台湾総督時代

統治初期の混乱

台湾は一八九五年（明治二十八年）、下関条約により日本が清国から、澎湖列島とともに割譲を受けた。

樺山資紀海軍大将が初代総督で、軍事的支援のため北白川宮能久親王麾下の近衛師団が送られた。しかし、中国系本島人は、日本の植民地になることを不当とし、同年五月二十五日、清国を宗主国とする台湾民生国を誕生させ、唐景松を総統に立てた。しかし、近衛師団が上陸すると抵抗らしい抵抗もなく、台北周辺を荒らしたまま大陸本土に逃げ出したので、無血入国ができた。

これで、台湾は平定されたように見えたが、本当の統治の苦労はここから始まる。それは先住民の反抗である。中国系統治者が、日本人は野蛮な人種で随分苛酷なことをすると宣伝していたことが原因であった。

日本政府はこの予想外のことに当惑し、新たに大連にいた乃木希典麾下の第二師団を台湾南部に上陸させ、さらに混成第四旅団を台湾中部に送った。つまり三方から挟撃して、早期に平定したいと意図していた。

これは一時、功を奏したかに見えたが、各地で土着民のゲリラ活動が頻発、完結の見通しがたたない。そのうちに北白川宮がマラリアで陣没した。敵はゲリラだけではない、劣悪な衛生環境で風土病とも戦わねばならなかったのである。

その後、第二代総督として、桂太郎を送り込むが、本人に確固たる意欲がなく六ヵ月で辞任、三代目総督として乃木希典大将が就任した。彼は誠実と責任感においては、このうえない人物であるが、それだけではこの複雑な治安問題は進まない。

土匪が出て統治機関や住民を襲うので軍隊が出動すると、たちまち姿をくらます。軍隊が引くとまたどこからともなく現われて、狼藉を働く。そんなことの繰り返しである。

土匪と一般住民と区別がつけがたいので過剰攻撃となり、無実の住民に危害をおよぼしたりする。現代のアメリカがイラクで治安確保に翻弄され、多くの犠牲者を出しているが、治安の問題は力だけでは進まぬことは古今東西変わらぬようだ。マラリア等の風土病にも悩まされた。

さらには、日本人にも悪い者が多かった。行政組織が未整備なことに乗じ、戦勝国民を笠にきて、ひと稼ぎしようと悪辣な商行為に出る者や賄賂を要求する日本人官吏がいたのである。こんなことでは、民心は離れるばかりである。

乃木総督は台湾統治にあたるものが、まず衿を正さなければと主として内地人の悪質官吏を追放しようと思っていたが、なかなか反発、抵抗が多く実行に移せないでいた。

このように統治が進まぬ状況から、日本国内にごうごうたる非難が湧きおこりだした。一八九六年（明治二十九年）度の台湾統治の支出は九百六十五万円であるのに対し、収入は二百七十一万円、当然日本の国家予算から七百万円近く補塡しなければならないが、治安の確保が進まぬ以上、このような補塡がいつまで続くのか見通しがつかない。

一八八九年（明治二十二年）には、大日本帝国憲法が発布され、国民より選ばれた国会議員による議会制度が始まっていた。国の予算や諸法令は国会の審議を受け通過しなければ発効しないようになっていた。

清国との戦争が予想され、その準備のために、ときの政府は一八九三年（明治二十六年）度予算として、八千三百七十五万円を議会に提出するが、議会は提出予算の一割近い八百八十四万円を削減した。その内容は軍艦建造費、官吏の俸給、官庁経費および内閣機密費である。

伊藤博文首相は、他はともかく、軍艦建造費が否決されれば、清国艦隊に対し著しく劣勢な日本海軍は、清国との戦争で絶対欠かせない制海権の確保など出来るはずがないとし、これでは日本の安全が確保できないと判断、同年二月九日、天皇に政府と議会の「和衷協同」(良い結論を出すため協議すること)をうながす詔勅を下賜するか、衆議院の解散を命ずるか、いずれかの措置をとられるよう願い出た。

天皇は翌二月十日「和衷協同」をうながす詔勅を下し、軍艦建造費を補足するために内廷費から毎年三十万円を下付すること、文武官僚の俸給の一割を六年間返納することを宣言された。さらには貴族院でも俸給の一割を六年間、軍艦建造費として拠出すると決議した。伊藤博文はさらに国会で行政整理と政費節減を実施することを公約した。

このようにして、清国に対抗できる艦隊を揃え、日清戦争の勝利を得たわけであるが、一八九六年(明治二十九年)、九七年のころは、官吏の俸給は依然として抑えられたままの状態であった。

清国からは三億円の賠償金があったとはいえ、三国干渉の苦汁、そしてロシアに対する軍事力の強化が焦眉の急とされているとき、台湾統治に見通しがつかないまま毎年七百万円近い補塡が続くとなると、強い非難が湧き起ることは当然であろう。

このような状態をみて、欧米人は、「日本人には到底台湾統治は出来まい。そのうちに投げ出すのではないか」と話題にしていた。日本の上層部においても将来をいたく悲観して、台湾を一億円でフランスに買ってもらい、その金を戦後の復旧費に当てた方が良い、と言いだす元老もあったという。

このような世論の中、乃木は総督の職を投げ出すに至った。

以上のような状況で、児玉源太郎に台湾総督就任の話が出たわけである。

後藤新平との出会い

児玉源太郎は一八八五年（明治十八年）五月から、帝国陸軍の諸制度を整備し、欧米列強からの侵略に耐えられる陸軍を作るため、中央の要職を歴任し、その中心にあり、日清戦争が終結し、参謀総長に川上操六、陸軍大臣に桂太郎のニューリーダーの時代を迎えて、一八九八年（明治三十一年）一月、やっと中央から解放されて、名古屋の第三師団長に任ぜられ就任したところであった。それから一ヵ月余の二月、台湾総督として就任すると、そこに民政局長の後藤新平が待っていた。

児玉源太郎と後藤新平の出会いは、一八九五年（明治二十八年）五月である。

日清戦争での勝利後、多くの将兵が海外から凱旋してくる。その将兵を下関、広島、大阪で迎えるにあたり、まずすべての将兵を検査して赤痢やコレラ等の病原菌を抱えていないかを調べ、保菌者にはその対応を考えねばならぬため、臨時陸軍検疫部という衛生機関が出来たが、児玉が陸軍次官は兼務で部長を務め、その実務責任者が後藤新平であった。

後藤新平の生家は南部水沢藩（岩手県）の中級士族であった。年は児玉源太郎より五歳若く、一八八三年（明治十六年）、内務省衛生局に入り、その才能が買われて衛生局長まで昇進した。ところが相馬子爵家の財産争いに巻き込まれ、一八九三年（明治二十六年）投獄、無罪にはなったが職を失った。しかし、彼の才能を知る人の推挙により中央衛生会の委員になっていた。そして今回、臨時陸軍検疫部が出来るにあたり、石黒忠悳野戦衛生長官が児玉次官に推薦した。

この検疫部は彦島（下関）、似島（広島）、桜島（大阪）の三ヵ所に設備は整えたが、後藤新平は「戦勝の立役者として誇り高き将校たちが果たして、検疫を受け、医者の指導を受け入れてくれるか」不安であった。なにしろ二十数万人に及ぶ軍人が対象で、短期間に検疫を実施するということは、世界的にも前例がないとされていた。そこで後藤新平は陸軍次官の児玉少将に、

「軍人がつむじを曲げて検疫を拒否したり、医者のいうことを聞かぬではどうにもなりません。部長から全軍に厳重な示達をお願いします」と頼んだ。

なるほどもっともな心配である、と受け止めた児玉源太郎は、ある名案を考えついた。小松宮征清大総督が凱旋され、当時、京都ご滞在中の天皇陛下にまず戦況報告をされることに

明治31年、第四代台湾総督に就任した児玉源太郎中将(右)と民政長官後藤新平。

なっている。そこで大阪でお出迎えし、ご帰還の船に乗り込み、小松宮大総督にご挨拶して、「殿下は京都で陛下に戦況のご報告をなさると伺っておりますが、殿下が知らずに戦地から病原菌を持って帰り、そのまま陛下に拝謁されるようなことがあっては恐れ多い、消毒の設備はどうなっているかとお気にかけておられると思い、その設備を整えてお待ちしておりました。いかがいたしましょう」と問いかけた。

小松宮は当然、「それは結構、是非やってもらいたい」となった。大総督の宮が検疫を受けられるとなると、いかなる将校も従わざるを得ない。後藤の心配は取り払われ、順調に任務を完遂できた。

あくまで民政中心で

台湾統治ということで、児玉源太郎と後藤新平は再び一緒になった。児玉は就任の挨拶に施政方針演説は欠かせないと思い、その案の起稿を後藤民政局長に命じた。ところが後藤新平は、

「そんなものは、やらん方が良いでしょう。今までの総督は皆、おやりになっているが絵空事に終わっています」という。

しかし源太郎が、

「話すかどうかはともかく、施政方針は持っておかねばならんからのう」

「それでは、生物の原則に従って政治を行なうとよいでしょう。生物は長い年月、環境に適応しながら生き、また進化しております。現地の住民も彼らの社会環境のなかで順応し、生活習慣や考え方を作っております。そこへこれを無視した政治を進めると、彼らは理解し難いからついていけないし、また反感も生まれます。従って総督としては彼らの習慣や考え方を尊重した政治を進めるということです」

児玉は一言、「なるほど」と言った。

しかし、後藤新平は、自分が総督に話したことがちょっと奇矯だっただけに、秘書官の石塚英蔵あたりに書かせて、施政方針演説をされるのではないかと懸念していた。

ところが、歓迎会で何も話されなかった。そこで改めて児玉さんという人は傑物だ、また自分を本当に信頼して下さっている、と感激した。後藤新平の後年の述懐である。

これについては、次のような背景があった。

台湾統治を始めるに当たっては、まず日本にあう行政組織を整えなければならない。そのため当初は、内地（本州・四国・九州を指す、台湾は外地）から練達の官吏が送り込まれるが、この内地人官吏に対しては本俸の六割に相当する外地手当が加算される。

一方、一八九三年（明治二十六年）以降、清国との一戦に備えて清国海軍に対抗できる軍艦を揃えるため、厳しい行財政改革が進められていたから、多くの官吏が職を失っていた。

これら失業者にとって台湾は、またとない魅力ある就職先である。いろいろの縁故を利用して押し掛けてくる。

初代総督・樺山資紀は海軍大臣時代、野党の質問に、藩閥政治の効用を答えとするような、こまかい配慮が出来ない武人で、さらに山本権兵衛のような勇ましい部下の進言に乗せられやすい人物であった。

このような総督を戴いて、総督府内は、押し掛けてくる内地人を充分な選別もしないで抱え込むので過剰なまでになっていた。そのなかには能力的に不充分なものや、さらに悪いことに賄賂を受けて筋を曲げる者もあった。また民間人の方でも、政治の混乱につけこんで大儲けしようと、不当な許認可を強請したり、はては現地人に対し勝者の立場から悪辣な商行為に出るものがあるが、その取り締まりが出来ていない。

もともと、アジア諸国の官吏は、賄賂を受けることが常習化していて、台湾もその例外ではなかった。その点において日本の官吏はモラルが高く、多くの欧米人の旅行記でも高く評価され、書き伝えられていた。

乃木希典は三代目の総督に就任して、まず内地人官吏のうち悪徳のものを整理し、本来の高いモラルの日本人官吏の指導のもと、現地人官吏の間に横行する収賄を絶滅したいと考えた。しかし、その実行となると高等官を含む相当数の首切りが必要になってくる。

これに対して総督府内からはもちろん、政府中央からまで反対が多く、なかなか実行できないでいた。

このようなことから乃木にもあせりが出たのであろう。最も結果が出しやすそうで、かつ形に現われる弁髪禁止令の断行を命じた。

しかし、弁髪は原住民にとって、一つの誇りのシンボルであるから、禁止令には反撥が強く、いたずらに民心を失わせる施策となっていた。

後藤新平は民政局長として、総督の命令に従わざるを得ないが、弁髪禁止令は島民の心を掴むうえで有害無益のものになっている。バカバカしいことをするものだと思っていた矢先のことであったのだ。


児玉総督は、台湾の統治は民政を中心に進める、軍隊の出動は民政局からの要請があった場合以外は差し控えることを命令した。しかしこの命令がすぐに、スムーズに受け入れられたわけではない。今まではむしろ軍隊が先に出動して進め、その後を民政局が整理に当たる、というパターンであったから、軍人は大変不満であった。

その当時、三個旅団の軍隊が駐屯しており、それを取りまとめるのは台湾総督府陸軍幕僚参謀長・立見尚文少将である。児玉は自分の方針への協力を求め、大筋の了解は得られた。そのうえで地方長官会議に続いて、軍の幹部会議をひらいた。

この会議で児玉総督は開口一番、

「私の職務は台湾を治めることで、討伐することではない」、そして「私が大任をまっとうするには民政に携わる者はもちろんであるが、陸海の協力が欠かせない」、そのうえで「文と武の統一。按配は私がこれにあたる」、さらに土匪の処分問題について、「土匪の徒の心情を推察すれば、憐れむべく、痛むべきものがある」と述べた上で、従来の軍部中心の討匪政策の誤っていることを指摘した。そして、土匪の扱いについては、民政部が中心にならなければならないゆえんを訓示した。

こうした方針に対し反発がなかったわけではないが、児玉は断固退けた。もちろん、これで末端までいっせいに児玉の意が徹底できたわけではない。後藤長官以下にいろいろの妨害や非難は入るがよくそれに耐え、自分たちの方針を貫くことができた。

一千人の人員整理を断行

児玉総督は軍部の出過ぎた立ち居振る舞いを抑えることばかりではなかった。着任すると早速、総督府内に公告した。

「本官は着任以来、通覧したところ、その人員多きに過ぎると認めた。今まではその必要があったかもしれないが、今はその必要は認めがたい。そこで私はもっぱら事務に精通した有能な者を選んで、小人数で行政の実をあげて行きたい」と。

乃木総督時代実現できないでいた懸案に取り組むのだが、その一環として無用な内地人官吏を排除できる組織の簡素化に着手した。

一八九五年（明治二十八年）六月制定の法規によると、台湾は台北、台中、台南の三県、その下に八庁および独立の澎湖島庁と行政組織は簡素なものであった。

ところが、一八九六年（明治二十九年）、樺山総督時代に始まった無秩序な内地人官吏抱え込みの結果、児玉が赴任した一八九八年（明治三十一年）のころには、台北、台中、台南、新竹、嘉義、鳳山の六県と澎湖、宜蘭、台東の三庁となり、その下に弁務署、警察署、撫墾署があって、その数は六十五署に及んだ。

行政機関の膨張は、行政経費の増大をもたらすだけではなく、必然的にお役所仕事的非能率、責任の曖昧さを伴う。前述したとおり、そのころ、内地よりひと儲けしようと渡台した民間人の中には、戦勝国を笠に着て、不当な取引を強いたり、脅迫したりする悪者もいた。そして、その悪事を知らぬふりをして、黙認する内地人官吏もあった。

児玉源太郎は着任早々、地方制度の整理を検討させ、治安の進行、インフラの整備に併せて地方制度の改革を実行に移し、主に出先の統廃合を進め、一九〇一年（明治三十四年）六月には、県が廃され、台北、基隆、新竹、台中、嘉義、台南、台東等の二十庁が地方行政の主体となった。その整理は前章で述べたように、勅任官を含む千八十人の人員整理である。

このことはまず内地から赴任した役人が率先して、とかく賄賂が習慣化していた現状を改め、正しい行政を進める範を現地の住民にも垂れて、その信頼を得るうえで大変効果があった。

もちろん、このような革新的行政改革を断行するのであるから、軍や内地から妨害や非難が、特に後藤長官以下には烈しかったが、彼らはよく耐え自分たちの方針を貫いた。その方針には、現地人の中から協力的な者を選んで警察官を育て、治安の中心に据えることもあった。

後年、後藤新平は自分たちの民政が成功したことについて、「意気衝天の軍人たちを抑えて自分たちの行政を徹底できたのは、つまるところ、軍人政治家、児玉源太郎の威望であった」と述べている。

土匪には討伐でなく説得で

しかし、台湾統治で最も重要かつ困難な問題は、各地に蟠踞《ばんきょ》する土匪を平定し、治安を確実にすることであった。児玉総督は、着任するとすぐ全島に向かってつぎのことを布告していた。

「新総督任地につくに当たり、土民が帰服し汝等と一家団欒を欲すること切なり。もし汝等にして帰順の志あらば、任意に官邸に来るを許し、疑うあらば民政長官自ら往いてこれを説かん」と呼びかけていた。だが、掛け声だけで成功するとは思っていなかった。

そこに、この大事な仕事に命を懸けたいという男が現われた。

阿川光祐と白井新太郎である。阿川光祐は、台湾に来るまでは水沢県権大属を勤めたこともある。白井新太郎も水沢藩の出身で、かつて軍人として児玉源太郎少将の指揮下にあり、児玉源太郎の果断にして信義に厚い人柄に心服していた。

二人は後藤長官を頼って台湾に来ていたのである。

児玉源太郎総督と後藤民政長官に次のように進言した。

「土匪を討伐・殲滅することは至難の業です。彼らの結束は固く、その首領となると多くの人々の信頼を集めた、優れた人物であります。その首領にじかに会って説得してみたいが、許可をお願い致します」と。

この提案は、児玉らにとっては何よりも喜ばしい話ではあるが、一方、命にかかわる危険なものであるだけに、充分な検討が必要である。

しかし、熱意にうたれた児玉は、彼らに許可を与えた。後藤新平は、最も信頼できる通訳をつけて、この義挙を支援することにした。

当時は台湾には、いったん号令をかけると数百人が集まる有力土匪だけでも十以上あったといわれている。彼らは正業らしきものを持っていて、良民に混じって生活をしているものが多く、匪と良民を区別することは大変難しい時代であった。従って、軍の力で討伐することは至難の業であった。

阿川光祐と白井新太郎は、相談して最も狂暴という噂のある台中の柯鉄集団の説得に取り組むことにした。狂暴であるが首領（ボス）のもと、統制のとれた軍団なので、そのボスを説得できれば、集団が揃って従ってくると考え、ボスの説得を試みようとしたのである。

若くて体力のある白井新太郎が、単独で実行することになった。後藤民政長官のつけてくれた通訳と二人で蛮地に乗り込むことになる。しかし、彼らは時々、基地を移しているので、まずは基地探しから始め、彼らの居場所を突き止めていった。

柯鉄の下部組織の小頭目に金を与え、首領の拠点に案内させたが、近くまで来ると、ここからは勘弁してくれという。判れば殺されるというのである。やむを得ず彼らが漏らす事柄から見取り図を作り、それを頼りに進むことにした。

不安な中、しばらく進むとたちまち柯鉄の警戒線に到達し、柯鉄の部下たちに捕らえられた。白井新太郎は、つとめて冷静に、しかし威厳をもって、自分の名前と身分を伝え、柯鉄親分と直接に話をしたいと告げた。部下たちは、白井新太郎と通訳を後ろ手に縛り、すべての持ち物をとりあげて、引き立てていった。

待つことしばし、現われたのは大男の柯鉄であった。

これで何とかチャンスができた。通訳もよくここまで付いてきてくれた。これからは、何としてでも成功させたいという勇気が湧いてきた。

白井新太郎は、日本男子の誇りを持って威儀を正して座った。

大男の柯鉄は、白井新太郎を見下ろして怒鳴るように言った。

「何しに来た」

白井新太郎は、ここで精魂込めてしゃべり始めた。

「台湾に来ている今の総督は、日本で最も優秀で力のある人物である。その総督が先日、軍人と官吏の幹部を集めて、施政方針を述べられた。

それは、自分は台湾住民を討伐しに来たのではない。住民が安心して暮らし、仕事が出来るようにするために来たのである。従って、我々の目的に協力してくれるのであれば、過去の罪は一切問わない。また、望むなら仕事も与えよう。しかし、我々の方針に逆らうものは、いままで以上に徹底して討伐すると。

また、今、各地に土匪が横行し、我々の統治を妨害しているが、よくよく調べると、彼らは過去、自分たちのことを考えてくれない横暴で不正な統治者に苦しめられ続けたために、やむを得ず、集団を組み反抗する習慣が出来た。従って、これから統治にあたる我々は、住民と共に安心して住み、働ける環境にする。その我々の考えを理解させ、我々の協力者にするよう努力しよう。収入の欲しい者には仕事も与えよう。軍人は私が命ずるまで動かないでくれ、といっている。児玉総督は約束したことは必ず実行される人である。自分は、柯鉄親分が総督に会って、協力者になってもらいたいと伝えに来た」

柯鉄は、言った。

「そんな話にはすぐには乗れない。それより、ここに来た者は死体となって帰っていることを承知してきたのか」

二人は、彼らの牢屋というよりは物置に引き立てられた。その建物には、出入口のほか、抜け出すことが出来そうな窓も開いていた。通訳は、脱出しようという。しかし、白井新太郎は、

「たとえ脱出できたとしても果たして生きて帰れるか、明日は必ず柯鉄が私の話を理解してくれるはずである」と、通訳を説得し夜明けを待った。

翌朝、再び柯鉄のまえに引き出された。二人が座ると、柯鉄は言った。

「総督に会ってやろう」

この一言で、白井新太郎のいままでの恐怖も疲れも吹き飛んだ。

柯鉄は、白井新太郎の命がけの説得行為に感心するところがあったが、何よりも、今度の総督は違う、何か打開策を考えなければ我々の将来はない、との首領としての責任感から、なにかのきっかけを探していた矢先ということがあったと思われる。

柯鉄は、ごく小人数の部下を従え、白井新太郎と通訳とともに総督府へ向かった。柯鉄を迎えた児玉源太郎総督は、慈愛に満ちた態度であった。しかも、しかるべき集団の首領であった者として、丁寧に扱い、彼の過去は一切問わず、望むならば道路整備の仕事を与えると

約束した。

柯鉄の名は、特に狂暴な戦闘集団の首領として轟いている。その彼が帰順し、しかも過去を問われない、仕事すなわち収入の道も開かれている。その情報は、たちまち各地の土匪にひろがり、同じように帰順の意思を伝える首領たちが現われ始めた。

このころ、後藤長官は各地の土匪の動向を周到に内偵させていたが、一八九八年（明治三十一年）六月、台北北方の有力頭目、陳秋菊に帰順の可能性ありとの情報があった。さらに宜蘭から土匪投降の見込みと報告が入った。東部宜蘭に跳梁し八百人もの匪徒を動員し得る強力な頭目、林火旺である。宜蘭の西郷庁長は、この投降を許し、かつ過去を不問にすることを申し出て、児玉総督の承認を求めた。その返事は、

「その帰順の件、すべて庁長に任せる。事後についても、彼らの面倒を出来る限り考えてやりなさい」というものであった。

庁長としては喜ぶと同時に責任を感じ、慎重に検討して進めることにして、まず彼らの帰順を許した場合の現地良民の反応を確認したうえで、受け入れることにした。

この帰順は良民側も歓迎するというものであったから、後藤長官は林火旺が本拠としている山中で、自身が出席して盛大に帰順式を挙行させた。土匪といっても住民との関係は濃いものがある。

八月四日の台湾の新聞は「帰順者、良民相擁し和平を祝福す」と大きく報道した。このこ

ろを境に、林火旺、陳秋菊に続き強力な土匪の帰順が進み、治安確保の見通しが立つようになった。さらに、これら土匪には、道路整備の仕事を与えたが、土匪の組織はしっかりしているから仕事は能率的に進み、台湾治政上、一石二鳥の効果をもたらした。

台湾の安定には土匪対策だけではなかった。この地方独特の保甲制度を復活した。これは中国固有のもので、台湾でも行なわれていた隣保連帯を目的とする自治的警察機関である。保とは十甲、甲とは十戸の住民が連帯して治安に責任を持ち、賊に備えるというもので、地方の安定には有効な策であるが、強大な土匪の出現で消滅していたのを一八九八年（明治三十一年）八月、保甲条例として発布し、実施に移した。

人心掌握への施策

児玉源太郎は、総督として、統率者として、権威の象徴でもなければならないと自覚していた。元来野人であり、気取ったり見栄を張ったりすることの嫌いなタイプであるが、台湾では変えていた。官邸にあるときは必ず軍服に勲章をつけ、努めて威容をもって島民に接した。

島内を巡視する時には轎《きょう》を用いた。わざわざ北京から取り寄せた立派なもので、当時北京で各国公使などが乗用に供したものである。

青色の羅紗で張られた上に擬宝珠《ぎぼし》がついていて、いかにも大官用轎らしい。これを同じく揃いの服装をした八人の轎夫《きょうふ》が担ぎ、前後一小隊の騎兵がつき、堂々と島内各地を巡視したものである。

官邸も広壮なものが作られた。

だが、休日ともなると一変する。粗末な着流しに藁草履で街頭に出たりするので、次のような新聞記事になったこともある。

「去る日、宵闇の道を一人で、新起横街の料亭『琴水』に入ってきたどこかのご隠居客があった。酒の飲み具合も面白く、芸者もそらさぬ苦労人。毒にならぬ洒落に一座を浮き立たせ、よきほどに切り上げて今や帰らんとせらるるに、いずれ由緒ある方ではあろうが初めての客と思われたので、掛けにするにはお宿とお名前を承りたいと、仲居が恐る恐る申しあげると、そのご隠居、『それは抜かった。わしは今度来た児玉じゃ』」

こういう息抜きも必要だったのであろう。しかし、少し大胆すぎるようにも思えるが、それだけ台湾人を愛し、親しみを感じて治安に自信があったということか。

児玉総督は暇があれば諸方を巡遊し、民情を視察し、いかに同化させるべきか策を考えていた。その一つは自分の施政方針を理解し協力してくれる組織・集団を造ることであった。

着任五ヵ月後の七月、後藤長官の進言に従って早くも敬老会を催している。これは古老を大事にする土地の習慣を尊重してのことである。饗老典といい、まず台北で行なった。集まる者は老人、付き添いの七百名余り。軍服をつけて長老を祝う演説の後、宴会、余興そして茶銭を贈り歓待した。

児玉源太郎は純朴に喜ぶ古老たちを見て、しばしハンカチを目にあてるほどであった。この敬老会は一八九九年（明治三十二年）に入って彰化、台南、鳳山でも行なわれ、いずれも大盛会であった。

一九〇〇年（明治三十三年）に入って、児玉総督は揚文会というのを催した。

台湾にも秀才（官吏登用試験の合格者）がおり、尊敬される名士であった。ところが日本領になって以来、官吏採用に従来の科挙制度による資格者を優先採用する考えがないので登用の途が閉ざされ、不平不満が充満しているのは明白であった。

これには次のような事情がある。総督府は当初、行政の幹部には練達の内地人官吏を据えることを必要とした。組織が整うに従って、現地人に替えていくつもりであったが、そこに前記のような過剰内地人官吏があって、その整理を進めないと台湾人幹部のポストは出来ない。その整理に入ったところであった。

そのことをよく説明しなければ島民には判らない。島内には秀才ばかりでなく各地には有名な学者や有識者もいる。児玉総督は三月、全島のこれら学者、有識者、文化人など七十二名を台北に招待して、文教を振興させ教育を盛んにしたいと演説した。後藤長官も、教育文化について、具体的案を示し、その後盛大に会食した。ここで参加者は、新たに全員協議会を設けて新総督の治政に協力することになった。

地域住民の信頼を得るために、個々の住民に当たることは不可能であるが、効果的なのは、その地方の民心を掌握している徳望家を味方につけることである。後藤長官の進言によるが、鳳山の陳文遠の名が挙がってきた。文遠の父はジャンクの船頭から身を起こし、大事業家にのし上がった人物である。彼は社会奉仕として、貧困者に死亡者が出た場合、棺桶を提供したりして葬儀を支援した。葬儀は台湾では極めて大切な行事である。彼は死後も遺言して、息子の文遠に受け継がせていた。

陳家は過去、土匪の襲撃を受けたことがあったが、そのつど自分たちの自衛組織で撃退するほどの力があった。

陳文遠は台湾に日本軍が上陸すると、かつての中国本土兵に劣らぬ暴力行為のうわさを耳にして、家族とともに厦門《アモイ》に居を移していた。

彼は日本統治の初めから日本軍に反感を持っていた。何でも武力で無理強いしてくる。それが同じ漢人同士であれば賄賂で操縦できるが、日本人となるとそれが危険となる。そのうえ乃木総督から弁髪を切り落とすよう命令してきた。そこで彼は、わざと残して反抗の意気を示していたのである。

一九〇〇年（明治三十三年）、児玉源太郎は台南巡視のついでに鳳山を訪ね、陳仲和の家に泊まった。彼も文遠の一族であったが事業の支配人的立場にあり、親日家として知られていた。そこで源太郎は仲和に、

「この地方の徳望家として陳文遠なる人物がいると聞いている。お会いして、その徳に報いたい」

と、彼はすぐ理解し、陳文遠邸に伝えた。

しかし、児玉総督の前にやって来たのはその留守居役で、源太郎の前に出ると三拝して、くどくどしく主人が商用で福建に行き不在であることを詫びた。

弁髪を残しているほどの主人の留守居役である。彼としては警戒心が先に立っていた。それと察し、児玉は努めて物静かに自分の意思を伝えた。

「主人が不在とは残念である。主人はこの地方の住民に対し常に善行を施されていると聞く。総督として感謝にたえない。この機会に日本刀一振りを贈り、その善行を表彰する」と。

一ヵ月後、陳文遠が総督府を訪れ、児玉源太郎を喜ばせた。陳はほどなく同地区の区長に任命され自ら弁髪を切り、心意気を示した。このことは、日本の総督は清朝時代の統治者と違い、搾取する考えがないのはもちろんのこと、我々の統治に協力してくれる者には相応の処遇をすると宣言したこととして伝わり、多くの有力者や資産家は安堵し児玉源太郎の協力者となった。

産業振興とインフラ整備

児玉、後藤コンビは台湾の治安、人心の掌握に力を注ぐ一方、本格的な開発計画にも着手していた。それは、

一、インフラの充実として、基隆港整備と台湾縦貫鉄道の建設

二、今後の行政の基本となる土地台帳、人口台帳の整備

これらの財源として公債六千万円の発行許可をうけなければならない。この案を携えて後藤は上京したが、三国干渉に反撥して、国を挙げ軍事力の増強を優先していた時代である。大風呂敷、ずさんなどの非難が先にたち、なかなか通りそうもない。特に大隈内閣から山県内閣に代わると、軍事費確保の優先度はさらに強くなっている。

しかし、後藤長官はよく頑張って四千万円をなんとか確保したつもりであったが、なんと帝国議会を通した頃には三千五百万円に減っていた。とはいえ、この起債により何とか一八九九年（明治三十二年）度より築港、縦貫鉄道の建設などに着手できたのである。

台湾の産業振興を考えるとき、まず農業が浮かぶ。この農業振興策を計画推進するため、本邦第一級の人物を集めることにしたが、その代表的人物として、新渡戸稲造をあげねばならない。

新渡戸稲造は南部藩の武家の三男として生まれた。当時、薩長閥が幅を利かしているなかで大成するためには、英語を習得することが大切と考え、東京外語学校に進んだ。そこで学んでいるうち、語学の他、科学の大切さを感ずるところがあった。そこで北海道・札幌に一八七六年（明治九年）に開校したばかりで新進開明的空気に満ちた札幌農学校に魅せられ、ここに進学した。彼はここで内村鑑三という友を得る。その感化もあって、以前から深い関心を持っていたキリスト教の洗礼を受けている。

かの有名なクラーク博士によって精神的土台が築かれた札幌農学校の恵まれた環境のなかで、キリスト教のほか、日本古来の道徳に深い関心を持ち、研究を進めた。その後、東京大学文学部教授を経て渡米、多くの実務を中心とする研究に携わり、メリー夫人との出会いにも恵まれた。一八九一年（明治二十四年）三月、メリー夫人を伴い帰国、札幌農学校教授に就任する。

そして一年後、待ち望んだ男子を授かり、幸福の絶頂にあった。

しかし、二週間も経たぬうち、その最愛の子は天に召されてしまう。メリー夫人の落胆ぶりは見るも無惨、また産後の肥立ちも思わしくなく、病の床につくようになった。

新渡戸はその看病に全力を尽くしたものの、病状は好転しないので、アメリカに連れ帰りメリーの両親のもとで療養させることを決意し、再び太平洋を渡って妻の両親へ預けたが、農学校教授としての務めがある稲造は、妻を残して帰国せざるを得なかった。

このような心痛の連続から、今度は稲造自身が原因不明の右腕の痛みのためチョークで黒板の字も書けない状態になってしまった。そこで親友のアドバイスを受け、帰国していたメリー夫人を伴い、神奈川県の湘南海岸や群馬県の伊香保温泉で療養生活に入った。その傍ら大著『農業本論』を完成、刊行している。

その後、メリー夫人のすすめもあって、療養と気分転換を考えアメリカ西海岸の美しい保養地モントレーで暮らすことになった。

ここで稲造は、長年の夢であった日本人の魂を外国に紹介する『武士道』を書き上げた。この本の内容には世界中から反響があったが、とりわけアメリカ大統領セオドア・ルーズベルトも熟読し、側近の者にもすすめたという。

このような時期、台湾総督より招聘を受けた。稲造としては、損得は二の次にして、新天地開発に意欲を燃やして就任したのである。

新渡戸稲造は当時、世界の農業先進国であるオランダの指導のもと、インドネシアで最先端の製糖産業が推進されつつあったので、これを研究するなどしっかりした調査の上、斬新な計画書を提出するが、その計画は現有のものに比べると、まさしく画期的なものであり、総督から蛮勇をもって実行を支援するとの約束をとり付け、実施におよんだ。

事実、長年の習慣に根づいた方法を大幅に変更するものであるため大きな抵抗があった。しかし、改めた方が良いと判ると改革は面白いように進んだ。そのなかに総督府が支援する台湾製糖株式会社の成功がある。これを見て島内からも相次いで製糖会社が興こった。陣仲和らは鳳山に新興製糖会社を、蘇雲梯らは南昌製糖会社を、さらに内地の企業も加わり、当初能力三百トンであったものが、七年後には千五百五十トンまでに飛躍的に伸び、台湾の主力産業に成長した。その他、米作も品種改良、施肥、灌漑の進展で増収が進み、日本の米価安定に貢献した。

さらに台湾の道路、河川の整備に活躍した若き一土木技術者、牧彦七の話を加えておきたい。牧は一八九八年（明治三十一年）七月、東京帝国大学工科大学土木工学科を卒業、同年十二月、台湾に赴任、台北県技師、翌年土木課長、続いて台南県土木課長として、河川、道路の建設、都市の改良などあらゆる建設に従事し、時の児玉総督、後藤民政長官の深い信頼を得た。

牧が台湾に着任し、児玉総督のところに挨拶に赴いたとき、牧は総督に厳父ではなく慈母のような親しみを覚えた。しかし話が仕事に及び、淡水河護岸工事について、総督の「やれるか」との問いに対し、

「やれるつもりでございます」と答えると、総督は厳然たる態度で、

「つもりとは何だ」と叱責された。

牧は即座に、

「まだ黄口の私が、実地の経験もない身で、閣下に出すぎたお答えをすることは謹むべきと

考え、つもり、とお答えしたことで、確かにやります」と答えると、児玉総督は「それでよろしい」とたちまち釈然とされ、優しい口調に戻った。これは牧の述懐である。

この工事に当たって、牧は土木課長として、本庁内で午前八時から正午まで県内工事の事務処理をしてから、人力車に揺られて一里先の工事現場に赴き、夜半まで昼夜兼行の工事を監督し、午前零時にまた一里半の道をカタコト揺られて官舎まで帰る。こんなことを雨の日も風の日も、工事中たゆむことなく続け、雨期前に完成させねばならぬという難工事の淡水河護岸工事をみごと竣工させることが出来た。その結果、彼には努力すれば必ず立派な成果が待っているとの自信がついた。

児玉源太郎には、部下を発奮させて能力以上に働かせる神通力があったようだ。彼自身も、塾で学んだのは十四歳までで、それからは多忙のなかで働きながら大人物に成長している。青年にはそれを求めたのであろう。

牧彦七はその後本土に帰っているが、土木界の重鎮になって重きをなした。

このような台湾の興隆は、その治安、民生の向上に大きな効果をもたらすが、総督府の財政も急速に改善された。一八九六年（明治二十九年）は七百万円近い赤字決算で、一部の人から台湾売り渡し案まで出たことがあったが、一九〇五年（明治三十八年）度になると剰余金四百九十一万円が出た。その後も剰余金は続き、日本政府の財政を支えたのである。それに引きかえ、朝鮮統治においては、一九一〇年（明治四十三年）の併合以来三十五年間、日本政府は毎年一千万円近い補助支援を続けなければならなかった。

そこで、ここに付け加えておかなければならぬことがある。台湾がかくも早く安定し自立し得たことは、日本からの統治者の努力もさることながら、本島人の人たちが児玉らの統治方針に心から協力したことをあげなければならない。

こうした数多くの人々の例として、辜顕榮という人がいる。

彼は生粋の台湾人でかつ早くから日本人のことを良く理解していたので、日本が台湾領有を始めたころより総督府に協力し、治安、民生向上に功績があった。後に経済界に名を成すに至っても政治に貢献、児玉総督もその協力に報いた。

日露戦争のころには戦場に台湾米を送り、バルチック艦隊の東航にあたっては児玉源太郎の意図に協力し、海軍の指揮下、見張り船を全島沿岸に配置して敵艦隊の動向の偵知に協力している。後、一九三四年（昭和九年）に貴族院議員に勅選された。

その他、太平洋戦争で多くの台湾人青年が祖国日本の防衛のため戦場に赴き、靖国神社にも二千五百十一人が祭られていることを忘れてはいけない。

革命の志士・孫文との約束

一八九五年（明治二十八年）四月、日清戦争の講和が成立し、その講和条件のなかに遼東半島を日本に割譲するという条項があった。

　これに対し同年五月に、ロシア、フランス、ドイツの三国は「遼東半島の日本への割譲は、清国の首府を危うくし極東平和の障害になる。直ちにその領有を放棄せよ」と干渉してきた。多くの犠牲を払って得たものであるが、当時の日本にはこれを振り払う力がなかった。以来、臥薪嘗胆、軍事力強化に奔走することになる。

　しかし、極東平和のため遼東半島を返せと迫ったロシアは、その舌の根も乾かぬ一八九八年（明治三十一年）になると、遼東半島租借権などを清朝に呑ませ、続いてドイツは膠州湾の租借権など、フランスは広州湾一帯を、イギリスまでも九龍半島、威海衛の租借権を強奪、清国の植民地化を一層進めた。

　このことは、中国民衆の生活にも異変を及ぼし、民族意識を呼び起こした。特にキリスト教の教化が進むと在来宗教は冒される。この宗教問題に起因した義和団なる大勢力が生まれ、キリスト教会の破壊やキリスト教徒の迫害へと進んだ。清朝としても表向きは討伐を装うが、裏では支援し、ついには政府軍も参戦して北清事変へと発展した。

　民族主義の活動は南部地方にも広がり始めた。台湾住民にとって福建省は、祖先を同じくする者も多く、交流が盛んで他人ごとではない。厦門には三井を始めとする日本企業の支店があって在留邦人も多かった。当然、児玉総督としてこの動向には強い関心があった、
　一九〇〇年（明治三十三年）になると、民主革命の志士孫文は、山県首相・桂陸相を含む

日本の有力者の支援を受け、「滅満興漢」をスローガンに、強い中国を興すこと、欧米の侵略を許さぬ国造りを考え、機会を窺っていたが、今こそその時期到来とばかり、台湾に立ち寄り、児玉源太郎に援助を求めた。

児玉は日清戦争の間、陸軍次官として、兵站の責任者を務めたが、清国のあっけない降服は意外であった。その原因を清国の官吏が搾取と汚職に明け暮れ、民心が完全に離反していることにあると考えた。

そこで、台湾統治にあたり、まず内地人官吏の綱紀を正し、現地人役人にも手本を示して、住民の信頼をつかみ、統治の目鼻をつけることが出来た。

児玉源太郎は、孫文と腹を割って話をして、この人物なら必ず民衆の信頼を勝ち取ることが出来ると認めた。早速、山県首相、桂陸相と周到な打ち合わせをし、勅許も得て武器弾薬の供与を含む援助を約束した。

児玉としては、この革命を成功させ、日中が協力して白人国家の侵略を食い止めることが、日本の安全にも寄与すると考えていたのである。当時の日本海軍は、義和団に刺激を受け南部でも興った排外運動から邦人を守るため、厦門沖に軍艦「和泉」と「高千穂」を派遣していたが、その陸戦隊を支援するため、土屋光春少将を指揮官に台湾駐留軍から一個旅団をさいて商船に乗せ、待機させていた。

他方、孫文は早速、最も信頼する鄭子良、龔福に広東省恵州三州田に兵を挙げさせた。彼らは勇敢に戦い民衆の支持もうけて、新安、深圳、鎮降の戦いに勝ち、さらに十月二十一日には新安から恵川にいたる沿海地区を手中に収めた。孫文の率いる増援部隊が動き出せば、直ちに福建省に進出、厦門に入り華南、華東に広大な革命拠点を作るという筋書きであった。

ところが、日本政府は伊藤内閣に代わると、直ちに児玉源太郎に中国革命党への支援、武器援助を厳禁する指令を出した。孫文らは天を仰ぎ不運を嘆き、台湾から中国本土の同志に電報を送った。「政情急変、外援難し厦門に至るも救援無からん」、これで孫文の革命は足踏みしたのである。

児玉源太郎の怒りはただならぬものであった。将来を誓いあった朋友を裏切り、再起不能ともなる危機に追い込んだのであるから。直ちに辞表（表向きには病気）を書き、故郷徳山に引っ込む決心をした。

ここで、事態を重く見た後藤新平は山県有朋に直訴し、児玉の辞表を携えて上京した。山県にも責任がある。何とか翻意を促すが聞き入れない。困り切ってついに明治天皇に執奏。そこで、

「目下の形勢は児玉の辞職を聴許し難い。病気は任地において静養せよ」とのご諚が下され、米田侍従を勅使として派遣された。こうなると児玉源太郎も翻意せざるを得ない。

この政府の方針急変には、次のような事情がある。北清事変を機会到来とばかりにロシアが満州にぞくぞくと大軍を送り込み始めた。もしここで清朝がロシアの圧力に屈して、この

軍の駐留を正式に認めたならば、ロシア軍の駐留が正当化される。これは朝鮮半島、ひいては日本の安全にとって重大な障害に発展する。伊藤博文と小村寿太郎外相はこの事態を重く見て、その阻止に全力をあげていた。小村外相はさっそく清国に赴き、ロシアの圧力をはね返すよう慶親王の説得にかかったのである。

この時期において、日本が新たに中国本土の南部に軍隊をむけているとなると、小村外相の慶親王説得は正当性を失うことになる。

この重大局面を考えると、伊藤内閣が出来て伊藤首相が厦門出兵を禁じた決定には異論の余地は無い。外交交渉はその結果が出るまで秘められることがしばしばある。台湾にあった児玉源太郎には何の情報も入らなかったのだ。なぜに桂陸相はもっと早くこの事態を察知し、児玉に連絡してやれなかったものか。

陸軍大臣から内務大臣兼務へ

日本陸軍の制度は一八九〇年代、児玉源太郎を中心に整備されたといっても過言ではない。しかし十年を経過し、特にロシアの圧力を意識しなければならぬとき、その制度の再検討が焦眉の急となった。

厦門の問題が冷めるのを待ったように、児玉は一九〇〇年（明治三十三年）十二月、陸軍

台湾総督と内務大臣を兼任していた当時の児玉源太郎中将(中央)。

陸軍大臣の大役を終えた児玉が明治35年、自身の設計で郷里に建てた「三五庵」。

大臣を台湾総督兼務のまま務めることになった。

この任は児玉の得意とする分野である。多くの部下を有効に使って、能率的に進めたが、一方、陸軍大臣として、革新的思想を持っていた。

陸軍省内の経理事務を大蔵省の専門家の出向をうけて行なわせた。これは、半年前、当時の厦門事件によるものである。近隣外交で、当時大陸浪人と称する民間人の、政府の外交方針の外におかれた活動のため混乱が生じていたが、彼らの活動資金は、武力を背景に不当な利益を得ようとする政商や、さらには軍の諸所の部署からの闇資金であることに気付いていたからである。

児玉源太郎は元来、公私の別に厳しく対処していた。軍事力を預かるものとして、国家の秩序を維持する上で金銭の出納を厳しくし、透明なものにすることが重要だと考えていたからである。しかしこのことは、金の力も動員して権力を拡大しようと考えている山県有朋にとって、とんでもないことであった。烈しい叱責と干渉が入ってきた。

児玉の信条からすると山県のいうことは、不純で承服できない。幸いにも、制度の検討整備が進んでいたおかげで、大臣のポストを寺内正毅に譲り、台湾総督に専念することになった。

この後の一年余りは、台湾総督専任ということで児玉源太郎にとって、唯一の心休まる時期であったと思われる。郷里徳山の誕生の地に三五庵、さらには郷土の子弟のための児玉文庫の建設を始めた。

しかし、児玉源太郎の平穏な日々はこれまでであった。

一九〇〇年（明治三十三年）、伊藤博文は健全な国民政党を育てようと政友会を創設した。そして自らその党首となりその育成に努めたので、国政への政党の発言力がだんだん強くなっていった。対する山県有朋はあくまで軍部中心の政治を維持せんとし、両者の間には微妙な溝が出来始めていた。そのような情況のなか、一九〇一年（明治三十四年）六月、桂太郎を首班とする内閣が成立した。

当時のマスコミは、これを軽量内閣とか、二流内閣とかこき下ろした。しかし、その桂内閣は、四年七ヵ月も続き、日露戦争に勝利し、ロシアの侵略を退けるなどの大事業をこなしていくのであるが、ロシアと闘うには戦場が朝鮮半島、満州（中国東北部）で、そこへの兵力、物資の輸送には制海権が欠かせない。桂内閣は一九〇三年（三十六年）度予算に、大幅な海軍軍備拡張費を要求した。それに対し議会では拡張費は認めるが、その財源は行政改革によって捻出するよう重荷を背負わせてきた。そこで桂首相は、大幅な内閣改造に取り組み、その重任を担う内務大臣に児玉源太郎をあてたのである。

児玉は果断実行力に富み、当時、大鉈《おおなた》大臣との異名がつくほどであった。その児玉大臣のもとで作られた行政改革案はまさに画期的であり、例えば広島県と山口県を合併し、児玉出身の山口県という県名が消えるというほどのものであったという。

しかし、そこに国家の浮沈に関わる焦眉の難問が発生した。対露戦に備えて中心となる参謀本部次長、田村怡与造の死である。このポストは当時としては、一日もあけられぬほど重要であった。そして当時の情勢としては、児玉源太郎以外にはこの重責にかなう人物はいない状況であった。行政改革には相当の歳月が必要である、今はそれどころではない。

児玉は、この内務大臣から二枚格下、即ち親任官から勅任官の参謀本部次長へという降格人事（ただし台湾総督はそのまま）を快くひきうけるのである。

時にロシア討つべしの世論が沸いていた、一九〇三年（明治三十六年）十月十二日であった。

第三章　対露戦争への布石

日清戦争後の列強の圧力

日本は隣りの大国清国が欧州列強に侵蝕されていくありさまを教訓に、天皇親政のもと国内統一を成し遂げ、富国強兵をスローガンに全力疾走した。

そこで気付くのが日本列島にアイクチをつきつけた形の朝鮮半島が不安定なことである。特にその宗主国を自認する清国は、欧米の侵略の前にフラフラしている。そこで清国の勢力を追い払い、韓国を日本の勢力圏のもと安定した国にすることが日清戦争の目的であった。

しかし、清国を追い払ったところで、独立国家韓国に駐在する日本人は、あたかも自分たちの統治下に入ったように錯覚し、日本の制度習慣を強制しようとして、韓国民に嫌われてしまった。

三国干渉で簡単に遼東半島を返したありさまに、韓国政府からは軽んじられ、日本くみしやすしと思われるようになっていた。そこで時の日本駐韓公使は、最も日本を信頼してよいはずの閔妃《みんび》がかえって日本を排除しようとする側に回ったので、その閔妃を殺害した。そのような情勢を見て韓国王は危険を感じ、ロシア公使館に逃げ込んでしまった。専制君主政治の国王を人質にしたロシアは俄然日本に対抗できる立場に立ち、軍事基地を朝鮮半島に建設できるように情勢が変わった。

三国干渉により日本は涙をのんで遼東半島を清国に返還したが、ロシアは清国に恩を着せ、フランスと協同して借款を供与し、一八九六年（明治二十九年）十月、清国政府に圧力をかけたり、李鴻章に賄賂を使って籠絡したりして日本を対象とする軍事的露清秘密協定を締結した。李鴻章としては、東洋の小国と思っていた日本にあっけなく敗北し、敗北者として講和条約に調印したが、その屈辱を晴らしたい意味もあったろう。

その内容は次の三点である。

一、日本の侵略には露清両国が共同で防衛に当たる。

二、戦争の際ロシアは中国の港湾が自由に使用できる。

三、シベリア鉄道を利用した兵員輸送を早期実現するため、北満州のハルビンを経由し、ウラジオストックまで通ずる東支鉄道の敷設権を認める。（当時、シベリア鉄道は東ヨーロッパを起点に東へ東へと着々延びていたが、チターウラジオ間のロシア領内は地形的に難工事が多く、完全開通は相当先になると考えられていた）

さらに一八九八年（明治三十一年）三月、旅順、大連を租借し、東支鉄道のハルビンと先の二都市旅順・大連を結ぶ南満州鉄道の敷設権も得た。

ドイツは膠州湾一帯の租借権と山東半島の鉄道敷設権、フランスは広州湾一帯、イギリスは九龍半島、次いで威海衛の租借権と、清国の都合とは関係なく欧州四ヵ国のバランスを中心に考えて権益拡張が進められたのである。

北清事変とロシアの進出

このような欧州列強の横暴には、中国民衆の民族意識も黙っていない。ドイツ、ロシアなどが進めようとしている鉄道の延伸は、工業製品の流入や古来の荷馬車輸送に携わる者の職を奪うなどの問題が起こる。特にキリスト教の布教によって、漢民族古来の宗教が圧迫を受けることになる。

清国の山東省から直隷省にかけて十八世紀の頃から、義和拳教という宗教結社があった。拳法の伝統は少林寺拳法などに受け継がれ、有名である。

その義和拳教を中心に「扶清滅洋」を叫んで山東省に反乱が起こり、キリスト教会の破壊や外国人宣教師殺害等の暴動が起きたことは既に述べた。

欧米政府はただちに清国政府にその鎮圧を要請するが、政府は表向きには討伐の姿勢を示すものの、裏ではむしろ支援をしている。従ってこの義和団と称する暴力集団は急速に大規模なものに発展して北京に進撃、ついに政府軍自体も参戦し、欧米人の拠点を包囲する姿勢に入った。

こうなると清国との戦争である。列強はその公使館員と居留民の保護のため軍隊と軍艦を急派し、鎮圧にあたった。その動員兵力は日本だけでも当初八千人に及び、特に日本は近い位置にあるので米英の強い要請を断わり切れず、総数では二万二千人の将兵を参加させた。最大の兵力を送り、また事件解決に最大の功績をあげているが、時の首相伊藤博文の指導のもと、日本としては同じ黄色人種の中国に対し、白人の欧米列強と同様の侵略国家的行動をとっているとの印象を与えるのはよくないと表にでることを極力避け、日英米仏四ヵ国軍の司令官であるイギリス支那艦隊司令官シーモア中将の指揮下に入った。（その日本軍兵士の行動は勇敢にして軍律正しく、世界の賞讃を受けている）

この動乱を北清事変という。そして清国政府は列強に対し、北京周辺と北京より山海関に至る地域に特別区を設け外国軍隊の駐留を認めざるを得なくなったうえに、計六億円強の賠償金支払いを約束させられた。この賠償金の配分についても連合軍最大の貢献国でありながら、欧米列強の分捕り争いを避けロシアの四分の一、ドイツの三分の一と慎ましく、英米より高い評価を受けた。

しかし、清国政府の出費は日清戦争の賠償金三億円と合わせると九億円強である。この負担はさらに国民を苦しめることになる。かくして各地の革命運動に火をつけ、また各地の軍閥の離反につながるのである。

ロシアはこの北清事変で、たびたび抜け駆けや協定違反をして、米英からひんしゅくを買うが、その他この混乱に乗じ、北京の居留民解放後も欧露から一個旅団をシベリア鉄道で、二個旅団を海路で旅順に送った。そして各国の眼が北京に向いている間に、八月にチチハル、九月には長春、吉林、遼陽、奉天を占領し、満州を完全に勢力下に置いた。そして十一月には奉天の増旗将軍を脅迫して、満州を保護下に置き、第二次露清密約（旅順協定）を仮調印させた。

他方、ロシアは列国に繰り返し「ロシア軍の占領目的は、もっぱら鉄道の保護であり、事情が好転すれば、ただちに撤兵する」と宣言している。

しかし日本政府、特に伊藤・小村は、これまでの経緯から判断して危機を感じとった。ロシアの目的は満州における永久駐留である。これを放置すれば日本の安全が脅かされる。断じて阻止しなければならない。そこで一度述べたことがあるが、伊藤博文は小村外相を北京に派遣し、清国の領土保全を旗印にして「ロシアの圧力に屈してはいけませんよ。ロシアには早急に撤退を求めなければなりませんよ」と情況を説明し、慶親王に直接働きかけた。

この説得で、後に清国がロシアに対し満州還付条約を締結させた。そのことは日英同盟が締結された一九〇二年（明治三十五年）の四月になって効果を発揮することになる。なお、前章で述べた、児玉総督への厦門派兵中止命令は、この小村の慶親王説得工作が理由である。

その間にもロシアの極東政策は着々と進んだ。一九〇二年から〇三年にかけて、ロシア本国からシベリア鉄道、東支鉄道、南満州鉄道が開通し、旅順まで物資が届くようになった。

朝鮮半島では、合法的に韓国を動かせる態勢が出来て、一八九九年（明治三十二年）五月、馬山浦に軍艦三隻を送り、石炭貯蔵所と病院建設を目的として広大な土地を購入、その前面にある大きな島、巨済島を他国に譲渡しない約束をさせた。馬山浦は朝鮮半島の南岸、対馬と相対する位置にある都市で、東郷平八郎率いる日本の聯合艦隊が、ロシア・バルチック艦隊を迎え撃つため集結し、連日猛烈な砲撃訓練をしたという鎮海湾の奥にある。また黄海の要所である龍岩浦を軍事基地として租借している。

日露の国力格差

この辺で、当時の日本とロシアの軍事力、そしてそれを支える産業経済力、それに国の防衛を考えるうえで一番重要な国民の士気の問題に言及したい。

当然、児玉源太郎もこれから述べるような事実には注目していた。

まず、人口であるが、日本が四千五百万人に対しロシアは一億三千万人、日本の三倍近い。国土の面積は、日本が四十一万平方キロ、ロシアは千八百七十二万平方キロで実に日本の四十六倍である。産業経済力で言えば人口比三倍を超える八倍くらいのものがあった。

ここで国土の面積を特に取りあげたのは、確かにロシアの国土が途方も無く広大であることが、多少のメリットもあるが、デメリットとなる問題の方が多い、と考えられるからである。

問題は鉄道一本に絞られていた。ロシア本土から満州に抜ける鉄道は未だ完備されていない。この鉄道が完全整備されたとしたならば日本は勝ち目がない。

当時の世界情勢、とりわけイギリス、ドイツからの情報は当時の日本の中枢には相当正確に入っていた。当然、児玉にも同様の情報、いやむしろそれ以上の情報が入っていたと思われる。

児玉源太郎が一九〇四年（明治三十七年）一月、大山参謀総長のもとを訪ね、意見交換した内容も次のようなものであった。

「ロシアの人口も、産業経済力も、さらに軍事力さえも、遥か西ウラル山脈以西（ロシア本土）に集中している。そしてその本土と戦場、満州を結ぶものは一万キロメートルにおよぶ単線のシベリア鉄道だけということにある。北清事変の時は相当の軍隊を海上輸送できたが、日英同盟でイギリス海軍が日本を後押ししている限り困難である。日本軍が完勝することはありえない。うまくいって六分四分の勝ち。この六分四分を判断して講和に持ちこむ。長期化すれば確実に負ける」と。

川上操六参謀総長や田村怡与造参謀本部次長の研究した資料があればこそ出来得る判断であった。当時、日本の中枢で内務大臣・台湾総督ほかを歴任していた児玉源太郎の、政治の玄人《くろうと》として広く世界を視野に入れた言動と判断してよいであろう。

確かにロシアの陸軍は世界一といわれていたし、資金力について日本の開戦時の外貨準備高は一億五百万円に過ぎなかったうえ、経常収支はずっと赤字が続いていたが、何しろロシアは世界第二の産金国である。資金不足で戦争遂行を心配するようなことは全く考えられない。

ここで時は日露戦争中になるが、個人所得に関する面白い話を紹介しておきたい。日露戦争で多くのロシア兵捕虜がでて日本各地の捕虜収容所に収容されていた。日本市民は暖かく迎え、捕虜には相当の自由度が与えられていた。その彼らには給与が支払われていた。

つまり、ロシア政府は同盟国フランスを通じ日本政府へ渡し、彼らの手に届けられたのである。その額であるが、毎月兵卒で十円、下士官で二十～三十円、大佐になると六十円というのである。当時日本での職人の収入は月額で三円～五円というから、国の富の差がどれ程大きかったか想像がつく。

しかし、これが国民の士気となると、全く逆に雲泥の差がある。日本人はこの戦争に負けることがあれば、ロシアの植民地か属国になって、絞られるだけ絞られる奴隷に転落、と思うからそれこそ命懸けである。

しかし、ロシアは反対である。世襲的階級社会で貧富の差が大きいのはもちろん、貧しい者が這い上がるのは尋常のことではない。それでは国に対する忠誠心など期待できない。そして国は広い。少し攻めこまれても退却の余地は充分残っている。そのうち敵の補給路が延び切って味方有利となればしめたものである。

この他、階級差別による下層民の不満は鬱積して、いつ革命運動に発展するかの危険さえ残っていた。戦力として考えたとき、これは物差しでは測れない弱点である。

とはいえ普通に考えると、ロシアが圧倒的に優勢と考えるのが常識というものである。

一九〇〇年（明治三十三年）の北清事変以来、ロシアの満州、朝鮮半島への侵略行為は着着と進んでいた。

戦争遂行上、最も重要なるシベリア鉄道、東支鉄道、南満州鉄道は一応開通し、一九〇二年（明治三十五年）末には欧露から旅順まで結ばれたのである。旅順軍港は、その周囲の要塞がセメントで固められ、さらには戦艦一隻を含む主力艦八隻を加え、ロシア極東艦隊を強化したのである。

日英同盟締結

ここで、ロシアの極東におけるなりふり構わぬ侵略を目的とする自分勝手な行動について書いておきたい。

北清事変でロシアはたびたび抜け駆けや、協定違反を起こし混乱と事件解決を長引かせる行動を続け、各国の眼が北京に集中している間に、満州に兵を進め、満蒙駐留の既成事実を作ろうとした。

それに引き換え、柴五郎中佐や福島安正少将に指揮された日本軍は、勇敢なだけでなく、各列強の軍隊の中でも特に軍律厳正で、居留民のみならず現地住民からも日本軍の管轄地なら安心できると続々集まるような状態で、米英から高く賞讃されていた。

日本の軍隊は国際協調のため、誠心誠意努力をしていたのである。

ロシアのあくどい帝国主義に対し日本国内の世論も、ロシア討つべしが有力になり始めていた。

しかし、何しろロシアは日本より段違いに強い相手である。責任ある政治家としては当然慎重にならざるをえなかった。

そこで、ロシアの南進政策を阻止するために二つの案が出てきた。

一、満州はロシアに譲り、その代わり朝鮮半島の優越権は日本が取る。英国との同盟など望んでも大英帝国が相手にしてくれるはずがない。そんなことを考えても仕方ないのではないか。

これは伊藤侯を始め、元老たちの意見であった。

二、イギリスと同盟を結び、日本の立場を強くして、ロシアに強硬に当たる。ロシアと協定が結べたとしても、ロシアはいずれこれを無視して朝鮮半島への侵略は止めない。単なる時間稼ぎに過ぎない。イギリスとの同盟は難しいが脈がある。

これは、小村寿太郎外相および林薫駐英公使を中心とする現役外交官の意見であった。

ただ元老山県だけは、この案を支持していた。

ここでイギリスとの同盟の可能性であるが、イギリスはいち早く産業革命を成功させ、七つの海を制している誇り高きアングロサクソン民族の国である。今まで他のいかなる国とも同盟を組むことがなかった。そこに日本が同盟を望んできた。

最近、力をつけてきたとはいえ他の列強に比べれば相当見劣りする。ましてや黄色人種の国である。それと同盟を結ぶなど考えられない。

これは日本の元老たちばかりではない。世界の常識であった。

ここにドイツという仲介役が現われた。ドイツは石油資源のにおいを求めてバルカン、さらにはトルコへと足場を固めつつあった。しかしその先々でロシアとぶつかる。極東で、日本が勇敢にロシアに当たってくれたら、その分バルカンでの当たりは弱くなる。

日本を支援しようと考えた。

そこでイギリス政府に、「ドイツは日本と同盟を組み、日本を支援する積りですが、イギリスも参加してくれませんか」と持ちかけた。

イギリスは当時、オランダの勢力下にあるボーア人の南アフリカに手を出し、手こずっていた。この地域は世界一の金とダイアモンドを埋蔵した宝の山の地域である。そのうえ大西洋とインド洋を結ぶケープタウンもある。イギリス海軍にとっては重要拠点である。長年苦労して、やっと戦争の見通しはついてきたが、まだ力を抜ける状態ではない。しかも、ロシアの南下政策はアフガニスタンからイランやインドに向けられつつあった。

また、参謀本部福島安正第二部長の報告によると、ペルシャ湾岸は将来のエネルギーとして重要な石油の埋蔵地区として注目され、ドイツが動きだしていた。イギリスとしては、ただ事ではなかった。さらに最近ではロシアが極東艦隊に戦艦などを増強していた。

イギリスとして長江（揚子江）以南に持つ権益を守るためには、自国の極東およびインド洋艦隊をさらに増強しなければならないが、今はそんな余裕は無い。そこで極東のことは日本に任せた方が得策ではないかと、ドイツの話に乗り始めたのである。

日本の第一線外交官はこの空気を感じ、自らも熱心に交渉に当たり始めた。

そこにまた異変が起きた。ドイツがうまく理由をつけて手を引いたのである。

ドイツは皇帝を中心とする独裁国家である。変幻自在の外交が出来る。独裁国家は恐ろしい。

イギリスは迷い始めた。

そのころ、伊藤は個人的用件でアメリカに渡り、その足でロシアのペテルスブルクで交渉に入るというのである。日露勢力圏に関する協定で先に述べたものよりさらに譲歩した案を携えてである。

伊藤はなにしろ日本一の実力者である。それが自ら相手の首都に赴き交渉に入るというので、イギリスの迷いは吹っ切れた。そんな事情で、めでたく日英同盟は調印された。

一九〇二年（明治三十五年）一月である。

日英同盟締結の知らせが届くと日本の朝野は歓喜した。何しろ不平等条約が改定された二年半後である。黄禍論吹きすさぶなか、近代化したばかりの小国日本が、世界の海を制する大国と同盟が結べるようになったというのである。

慶応義塾大学の教職員学生千五百名は、日英の国旗と塾旗を掲げ、三田から宮城《きゅうじょう》（皇居）、イギリス大使館、外務省を回り、祝賀の万歳を唱えた。

この行進中歌われた『日英同盟を祝する炬火行列の歌』は、

朝日輝く日の本と　入日を知らぬ英国と

東と西に別れ立ち　同盟契約成るの日は
世界平和の旗揚げ　祝ぐ今日の嬉しさよ

日清戦争の和が出来て以来、七年目の朗報というべきか。

燃え上がる世論

日英の同盟が締結された二ヵ月後、今まで日本だけでは動かなかったロシアも、英米を加えた三ヵ国の後押しでようやく動き出し、一九〇二年（明治三十五年）四月、清国と露清満州還付協定を結び、第一期の撤兵が実行された。

しかし、それからのロシアは全く動かない。

日本の世論は「ロシア叩くべし」で沸いた。

特に外務省、陸海軍省の次官、局長、それに参謀本部の次長、部長等は平素利用している湖月亭に情報を持ち寄り、検討した。

その結果は、「早く開戦を決定し行動しないと、ロシア陸軍の極東軍事力は日に日に増強され、遂には日本の手に負えなくなる」というものであった。そして各人この結論を持って、上司すなわち大臣や参謀総長に伝え、行動を促そうというものであった。

ところが、一九〇三年（明治三十六年）四月、ロシアは、

「ロシア軍撤退後は満州を他国に割譲しないこと」

「ロシアの同意がない限り他国の領事館を開設しないこと」

「占領中にロシアが得た権利は保留すること」

などの七ヵ条からなる法外の要求を清国に突き付けた。

このロシアから清国への要求を知らされると、四月八日、伊藤博文、山県有朋の三元老に桂首相、小村外相を加えた四首脳が集まり、日本側の対応について協議した。

その結論は、
一、ロシアが満州還付条約を履行せず撤兵しないときは厳重抗議する。
二、韓国については、日本の優先権を認めさせ、一歩も譲らない。
三、満州については、ロシアの優越権を認め、それを取引材料に朝鮮問題を解決する。
以上で、これを基に御前会議にかけることにした。

六月二十三日、前回四首脳のほか大山、松方、井上の三元老と寺内陸相、山本海相が加わり御前会議が開かれ、四月八日の四首脳の結論を確認した。

この御前会議の決定を受け、七月二十八日、日本政府はロシア駐在の栗野公使に交渉に入ることを指令、ロシア側に申し入れたところ、ロシア側より日本の外務大臣と駐日大使ローゼンの間で進めてくれといってきた。

その当時、ロシア側では慎重派のウィッテが罷免されて、強硬派が実権を握り、旅順に極東総督府を新設、海軍大将アレクセーエフを総督に任命、日本との交渉全般を彼に任せていた。

日露間の交渉は、東京と旅順に移されるわけであるが、ロシア側の回答は、

一、満州問題には全くふれていない。既成事実が出来ているのでロシア側は今更交渉の対象にはしたくない。

二、朝鮮問題は、日本は軍事目的の軍隊を置いてはいけない上に、北緯三十九度線以北は中立地帯にする。

こんな要旨のやり取りを三度も繰り返している。伊藤博文も山県有朋もこの段階ではまだ戦争など考えていなかった。

このような政府の対応に、世論は一層燃え上がった。その先頭に立ったのが、東京帝国大学法科大学を中心とする七人の博士で、次のような建議書を桂首相以下各大臣に届け出ている。

「今日満州問題を解決せざれば朝鮮空しかるべく、朝鮮空しければ日本の防衛はえて望むべからず」と。

世論がこのような強硬意見に酔っているのだから、軍人も興奮しないはずはない。しかし、当時の軍人は、軍人勅諭に忠実であり、下が上官の意向を無視して暴走するようなことは無

かった。

参謀本部次長に就任

ロシアが第二次撤兵も履行しないと知ると、参謀本部の井口省吾総務部長、松川敏胤第一部長、福島安正第二部長は田村怡与造参謀本部次長を動かし、参謀総長大山巌大将に強硬策を進言、これを受けて大山総長は五月十二日、明治天皇に次のような意見書を提出した。「目下の戦略関係は我に有利なるも、月日を重ねるに従い、彼我その情勢が逆転します。さらに韓国が彼の勢力下に置かれるようになれば、帝国の国防は危険になります」と。

事実ロシア首脳が強硬派に代わるとともに、極東の軍事力は目に見えて増強が進み出していた。旅順軍港を囲む要塞の強化も、さらには極東海軍は戦艦一隻を含む十四隻が回航中で、これが加わると当時の日本連合艦隊の戦力に匹敵するものになる。

このような状勢の中、軍略の中心となる田村怡与造参謀本部次長が急死して、十月十二日、児玉源太郎が参謀本部次長に就任するのである。

参謀本部井口総務部長は、当時の心境を日記に次のように書いている。

「事大の韓人、邦人に対して無礼を加ふるの状現る。時機すでに遅れたりといへども、今日にして内閣一大決心を以て韓国出兵を敢へてせざれば、邦家のため、東洋平和のため、露国の横暴を抑制するの機なからん。外交談判又不利の結果を来すべきにより、福島次長事務取り扱ひを要して、山県元帥及び桂総理に決心を促さん事を請求す。しかるに桂総理大臣の決心確乎たらず。優柔不断遂に国家の大事を誤らんことを恐る。

加ふるに山県元帥の意気消沈して又昔日の慨なし。ああ川上大将は四年前に逝き、田村少将又一日を以って大将の後を追ふ。

大山参謀総長も又戦意無く、しかのみならず陸海協和を欠き、陸海両大臣なかんづく山本海軍大臣、海軍あるを知りて、国家あるを知らず、機を見るの明なく、戦ひを決するの断なし。帝国の大事まさに去らんとす。天何ぞ露国に幸するのはなはだしき。予は天の日本帝国を滅ぼさんとするの兆あるを信ぜんとす」

しかるに十二日に至り、こう記されている。

「児玉男爵、内務大臣を去って参謀本部次長の職に就かるるに会す。もって天の未だ我が帝国を棄てざるを知る。何等の喜悦、何等の快事ぞ」

財界、海軍との協調体制を築く

児玉源太郎は、参謀本部次長職という扇の要となるポストについて、改めて冷静慎重に諸般の事項をチェックしてみた。そしてその空白部分を埋めるため、全力疾走を始めた。

まず、財界の協力態勢である。

児玉源太郎は、今までこれはと思う人のところへは、気軽に出かけてざっくばらんに自分の思うところを伝えて協賛をとりつけてきた。今回も財界の大御所、渋沢栄一をたずねた。情況と開戦への協力を要請したがその反応は、

「あの大国ロシアを敵にしてとんでもない。だいいち、戦費はどうします」

ちょうどその当時、産業界は不況に苦しんでいた。続いて次の実力者、日本郵船社長の近藤廉平に協力要請した。同じような反応である。しかし、そこで諦めるわけにはいかない。

「財界がいまのままの認識で良いのか。一度満州朝鮮を回られ、かの地の現況を見てきてください」と頼んだ。

児玉は何しろつい最近まで副総理格の内務大臣であった。それが国難に当たり児玉源太郎しかいないの声に、欣然内相を捨て、二枚格下の参謀本部次長職についた人物である。その要請には千鈞の重みがある。さっそく調査を約束した。

近藤廉平は朝鮮、満州を回り見聞して驚愕した。帰国するとすぐに渋沢栄一に報告、ふたりは、財界に呼びかけ対露戦には全力を挙げて協力することを誓い合った。

時に巡洋艦二隻を確保しなければという問題があった。アルゼンチン発注の最新鋭装甲巡洋艦二隻がイタリア・ゼノアの造船所で竣工、これを譲ってもよいという話である。価格は二隻で千六百万円、しかもロシアも目をつけているという。

すぐ手を打つ必要に迫られているが、海軍にはそんな予算は無い。大蔵省にかけあったら陸軍に相談したらどうかと言う。そこで児玉源太郎に話が回ってきた。児玉は事情を聞いて即座に了解した。おかげで日本海軍はこの新鋭巡洋艦二隻を入手、のち「春日」「日進」と命名した。

これが万一ロシアに渡っていたら、日本の制海権は果たしてどうなっていたか、と後年専門家が指摘するほどの重大な決断であった。

これについては、従来の戦略では朝鮮半島南岸の馬山浦へ兵を揚げ、北進することになっていた。そこで必要となっていたのが京釜鉄道の整備とその予算である。しかし、児玉は、短期決戦にのみ日本の活路はあると考えていたから、陸軍の大部分を仁川以北に上陸させねばならぬ、それには一日も早く黄海の制海権を確保してもらわなければと戦略を変えていたのである。そこでその京釜鉄道整備のための予算を海軍の巡洋艦二隻獲得のために回したのである。

次に、井口総務部長が嘆いていたような陸海軍の不協和である。大国ロシアと帝国の存亡をかけた戦いに出ようとするとき、普通では考えられぬ大問題であるが、児玉源太郎は例によって気軽に海軍大臣室を訪ね、山本権兵衛大臣と陸海協力して進めるべき戦略の話に入った。

どうも話が噛み合わない。その結果、現在の規定の「陸主海従」を改めない限り、海軍の協力は期待できないと判断した。

当時の海軍は海軍の山本権兵衛か、山本権兵衛の海軍かといわれるほど、山本を中心に堅く結ばれていた。

児玉源太郎は「陸海対等」を持ちかけ、話の進展を図った。しかし、これら海軍への譲歩は大きな問題になった。特に「陸海対等」への譲歩は、「戦時大本営条例」の変更を意味する。山県や大山が発議し協議される事項である。山県の怒りは大きかった。しかし、児玉源太郎は冷静に答えた。

「今は日本が一丸となってロシアに当たらねばならぬ時です」と。

参謀本部第二部長福島安正は、このころのことを、

「児玉中将は『今はともかく、ロシアに勝つことを優先しなければならない。陸海の問題、さらに軍部と政府の問題等いろいろある。勝利の後、時間をかけてしっかりしたものを作らなければいけない』と言っていた」と語っている。

山本権兵衛海軍大臣は、児玉源太郎の人柄にふれて、対露決戦への人事に取り組んだ。すなわち戦場の最高指揮官となる常備艦隊司令長官（戦時には連合艦隊司令長官となる）を、今の日高壮之丞中将から舞鶴鎮守府長官の東郷平八郎中将に代えると決断した。

日高は、山本とは鹿児島で少年時代からの親友で、兵学寮も一緒に入り、腹を割って話し合う付き合いである。しかし、児玉源太郎の話を聞いた山本は、この際、私情を捨てて、最

善を尽くさなければと思った。山本は日高と東郷について次のような人物判断をしていた。

「日高は頭も良い、勇気もある。だが自信が強すぎる。人の言うことを一切聞き入れないことがある。日露戦争の作戦用兵の方針は大本営が決定し、司令長官といえどもそれに従い、手足のごとく動いてもらわなくてはいけない。日高は中央の指令が気に入らないと、自分勝手に判断し動く恐れがある。東郷ならその心配が無い」

衆院議長と仕かけた大芝居

このころ、国民から選ばれた国会議員の政治参加がようやく力を得始め、特に最高実力者の伊藤博文率いる政友会が誕生し、その存在は大きなものとなっていた。しかし、ロシアの脅威を控え、軍出身者が国政を担っていたことに変わりはない。

この当時の民選議員の選挙有権者は、年十円以上の直接税を納めた男子に限定されていたから、増税に対する拒否反応は強いものがある。その代弁者となる衆議院議員も当然しかりである。そしてこの民選議員が構成する議会の承認なしには、政府予算も、重要案件も執行できない。

従って、何が何でも軍事力を強化して、ロシアに勝たなければ国の独立が危ないと考えていた政府とは、当然のように摩擦が生まれるわけである。

ロシアとの決戦を間近に控えたとき、国政の最高実力者伊藤博文を、政友会総裁の立場から政府側に引き戻すため、山県、桂は伊藤を枢密院議長の席に据えることに成功した。

第十九議会は、一九〇三年（明治三十六年）十二月五日に招集され十日に開院式が行なわれた。このときハプニングが起こった。衆議院議長の河野広中が、奇怪な奉答文を読みあげ議事にかけた。ところが誰も気づかず拍手のうちに可決されてしまった。

間もなくこれはおかしいと気づいた議員が騒ぎ出した。しかし、河野議長は、「いったん議決された以上、再審議は許されない」と受けつけない。

紛糾が収まりそうもないと見た桂首相は議会解散を奏請、総選挙は翌一九〇四年（三十七年）三月一日と決められた。

そして、日露戦争は二月九日、火蓋を切る。解散中ゆえ国会の議決なしに始められたわけである。

開戦となれば挙国一致、勝利のためにすべてを捧げなければならない空気に変わる。

後年、河野は農商務大臣のとき、「第十九議会解散の原因となる奉答文は、実は拙者と児玉君の二人だけで熟議断行したものだ」と語っている。

民選議員といえどももちろん愛国者である。しかし、戦争となると開示できない機密事項が沢山ある。ここからコミュニケーション不足によるトラブルが起こる。国力をフルに発揮しなければならぬとき、勝つためには致し方ないと児玉は考えたのである。

ここでも児玉源太郎の政治的信念がにじみ出ている。戦争に勝つためには何をするべきか、戦争には絶対に勝たねば日本は滅びるという思想が児玉の根底にあった。

「日本が生きて生きて、生き抜くために、私は多少のことは犠牲にします」と、桂首相に語ったことが甦る。

政府首脳に決断を促す

話が進み過ぎたので少し戻す。

一九〇三年（明治三十六年）六月にロシアの陸軍大臣クロパトキンが、極東視察と称して沿海州を回り来日した。相手は目下もっとも注目すべき大国ロシアの陸軍大臣である。

日本の首脳は最高の歓待で迎えたが、寺内陸軍大臣との対談中こんなことを漏らした。

「ロシアは三百万の常備軍がある。もし日本がわが国に戦いを挑むならば、自分は直ちにこの大兵をもって東京に攻め寄せる。しかし、自分個人としては、戦争は双方にとって何の利益もないことと考えている」と。

ロシアは、このころ極東のことはアレクセーエフ太守に任せるといってきていた。その大守に比べるとクロパトキンは穏健派に属する。その彼にして「日本の力は取るに足りない。

しかしロシアから日本に攻め入るつもりはない。だから今既成事実となっている満州、韓国のことはロシアに譲りなさい」と言うのである。

同年八月以降も、外務省は極東の大守と交渉を重ねるが、相手は、「日本は恫喝すればいずれ屈服する」くらいに考えているから進むはずがない。いや、むしろ回を重ねるごとに日本に難題を突きつけてくる。

児玉源太郎は、十月十二日、参謀本部次長の職について、現況をよく点検し、どこまで挙国一致態勢が出来ているか確めた。その上で財界の協力を取り付けることや陸海の協力態勢を何とか二ヵ月でまとめることが出来た。

その後に政府、とりわけ伊藤、山県、桂の考えを再度確かめることにした。

そこでまず伊藤侯に伺ったところ、伊藤は戦争に訴えることに非常に慎重であった。

それは田村前参謀本部次長より報告を受けたとき、「わが軍の準備、いまだ万全というものではありません」との部分が強く印象に残っていての誤解と推察できた。

そこで児玉は次のように説明した。

「わが軍の準備必ずしも万全とはいえないが、現時点ではロシア側の準備はそれ以上に遅れております。しかし増強に力を入れているので、そのうち逆転する恐れがあります。開戦を延ばすべきではありません」

山県は、陸軍の最高指導者を自認している。もちろん戦争により解決する以外に道なしで

あるが、何か煮えきらない。これは彼の性格によるものである。（これは後で検証したい）

　そして組織上責任者であるべき桂首相も、慎重にして交渉を続けるのか戦争に訴えるのか決めかねているようである。その裏には、かつて桂首相が開戦についてお伺いした際、天皇より、

「何とか戦争でなく、外交努力で平和的に解決できないか」

　とのお言葉が返っていたということがあった。

　もちろん、政府首脳も話し合いで解決できれば、これに越したことはない。そのため日本としても大幅に譲歩した案を示して二年間も努力してきた。

　しかし、ロシア側は「日本はいずれ力の前に屈服する」と思い込んでいるから、日本の外交努力が通じるはずがない。これ以上譲歩すれば朝鮮半島もロシアに譲ることになり、日本の安全は危機に瀕する。このような切羽詰まった状況から抜け出すためには、日本から一撃を加え、ロシアの認識を改めさせた上で、講和に持ち込む以外ないと当時の政府首脳は判断した。

　しかし、戦争となると、ロシア本土と戦場となる満州（中国東北部）が、シベリアという広大な不毛の地で隔てられ、補給が難しいという一点をつく以外勝ち目はない。

　だが、その弱点も、シベリア鉄道・東支鉄道・南満州鉄道が不完全ながら単線鉄道として結ばれた。しかも、最近は大分整備が進み、輸送力もふえてきた。これによりロシアの満州

の軍事力は日本陸軍に対抗できるようになりつつあるという有力情報も入ってきた。

このような状況に立つと、一国の総理として桂首相は事態をよく天皇にご説明して一日も早く、勅許を得る責任があったが、決断がつかないでいた。

それで、児玉は少し強引とおもわれても、果断を求める行動に移るとともに、伊藤侯に理解を求め、その権威を利用しようと決めた。帰ると部長たちを集めて言った。

「伊藤侯には報告不足による誤解がある。現状は、ロシアは鉄道を整備し終え非常なスピードで戦力を増強している。一日も早く開戦に踏み切らないと日本軍は太刀打ちできなくなる。このことをしっかりした資料をもとに御説明すべきであったが、抜かっておった。これからたがいに注意しよう」と。

十二月一日、ロシアの回答が到着したが、従来通り不誠実なものであった。

十二月十六日、元老会議が開かれた。このとき、元老伊藤はすこぶる明確に、これ以上交渉を重ねる必要はない、決戦を考えよ、と言いきり、山県も戦争避け難しとするが、桂が踏み切れないため、もう一度日本の考えをロシア側に伝え、その反応を見ることになった。

このころ、桂は児玉源太郎を避けているが、児玉はこの大事なとき猶予は出来ない。強引に決断を促し、とうとう十二月二十一日になって、開戦に関する万全の準備を始めることに同意させた。開戦前五十日のことである。

欧露から旅順まで、単線ながら結ばれたのが、昨一九〇二年（明治三十五年）の末であった。当初は、軌道に欠陥が多く、各地で列車が脱線、二日も三日も立ち往生することが続いたが、このころになると整備が進み、参謀本部が想定していた一日八列車が到着、さらに増強可能との情報も入っていた。

この情報は、四年前、田村次長の命を受け、ウラジオストックからハルビンに潜入していた石光真清から的確に入っていた。そのころの石光は、洗濯屋を経営したり写真屋に紛してロシア軍上層部に接触していた。さらにこの接触を助ける多くの大和撫子がいた。彼女たちは、有力な馬賊の頭目の妾であったり、ロシア軍の上級将校の娼婦となっていたりして、極秘扱いの情報も入手し、石光に伝えていた。

一日八列車の輸送力とは、毎日、千人の兵員とそれに伴う武器・弾薬・食料のほか、馬や兵舎、陣地を構築する材料を含むものである。この状況を熟知していた児玉源太郎らにしてみれば、いても立ってもおられぬ心境であったろう。

十二月二十四日、桂首相は寺内陸相を伴い、伊藤、山県を訪ね、一同の腹は決まった。児玉源太郎が参謀本部次長のポストについて、わずか七十三日でこれほどの大仕事を成し遂げたのである。

金子堅太郎の対米工作

児玉源太郎が、戦争への決断を迫ったのは、日本を救う戦争は早期に開戦し、勝っているうちに講和につなげるという政治上の考えからであった。

一九〇四年（明治三十七年）、年がかわって陸海軍の合同作戦会議を開き、緒戦の展開につき、海軍主力が旅順を奇襲攻撃、その間、別動隊が仁川沖の制海権を確保して、陸軍を仁川に上陸させる、その一部は京城に回って朝鮮政府を抑えることに手順を決定した。

一月六日、ロシア兵が京城に入ったという。しかし、海軍は巡洋艦「春日」「日進」の到着を待つという。ついに二月に入った。その間ロシアとの不毛の交渉は続けられていた。

二月三日、元老会議で交渉を打ち切ることを決定し、やっと二月四日の御前会議で開戦が決定され、五日、国交断絶を通告することになった。

この五日、陸軍は第一軍の編成を発令した。黒木《くろき》為楨《ためもと》大将を司令官とし、近衛師と第二師団がその軍団に入る。

二月四日の御前会議の後、伊藤博文は、憲法草案起草当時から最も信頼していた金子堅太郎を官邸に呼び、次のように伝えた。

「今日の御前会議で開戦が決まった。君、米国に渡ってくれ。君はハーバード大学でルーズベルト大統領と同窓で親しい。米国大統領と米国民が日本の味方になるよう工作してくれ」

しかし、金子としては米露の関係は政治的、経済的、それに縁故的にも日本より遥かに密接であることを知り尽くしている。

「この任務は到底見込みありませんので、辞退させてください」と答えた。

伊藤の顔には今までにない悲壮な、しかし、決然とした覚悟が表われていた。

「今度の戦争では朝鮮がロシアにとられ、日本も攻め込まれて滅びるかもしれない。成否を別にして身命を賭してやるしかないのだ。もし日本が敗れロシア軍が日本本土に来襲してくれば、わしは俊輔の昔に帰り、銃を執り第一線に立って戦い死ぬつもりだ」

金子堅太郎は衝撃を受けた。

「分かりました。アメリカに行きます」

金子はその足で参謀本部に児玉源太郎を訪れ、渡米となった経緯を話して、戦争の勝算を尋ねた。児玉の返事は、

「何とか六分四分に持ちこみたいと苦心している。緒戦で北朝鮮にいるロシア軍を鴨緑江以北に駆逐し、勝利への勢いをつける。そうなると明るくなる」

次に金子堅太郎は、海軍大臣室に山本海相をたずねた。その返事は、

「日本の軍艦は半分は沈める。その代わりロシアの艦隊は全滅させる」

また、金子は財政についても調べた。軍事費は十八億円、その半分は外債に頼りたいという。改めて伊藤の悲愴な決意が理解できた。

この伊藤、金子の会話でも判る通り、日露戦争は日本にとって「進むも死、退くも死。しかし、進めばそこに活路が見出せるかもしれない。となれば進む以外ないではないか」とい

う悲壮な自衛戦争であったのだ。

外債での戦費調達

戦争遂行に不可欠、重要な戦費についても、日本政府は見通しを持っていなかった。日本には充分な重工業が育っていないだけに、外国から調達すべき武器弾薬が多い。厳寒地に対応できる充分な軍服すらない。かの有名な八甲田山死の行軍は、二百人の犠牲者を出す大惨事であったが、これは対露戦争の厳寒地での戦いを想定した演習であった。

この惨事で特に兵士の犠牲が多かったが、それは軍服以下すべて綿製品であったことによると結論づけられ（現在の冬山登山では綿製下衣は使用しないのが常識）、毛製品をとり入れることに改めたが、そうなると輸入しなければならない。

それにも外貨が必要である。

一九〇四年（明治三十七年）二月、日銀副総裁高橋是清は深井英五を伴い、ニューヨーク経由でロンドンに向かった。もちろん外国からお金を調達するためである。

英国人は日英同盟の関係もあってか日本に好意的であるが、日本には担保となるようなものがない。また第一、外債を手掛けた実績もない。大国ロシアを相手にして敗れれば債権は零である。貸し手になってみれば、これほどリスクの多い話はない。

そこに外交通のヘンリー・アダムスより好意的情報がはいった。ユダヤ人の金融家ヤコブ・シフに頼んでみては如何というのである。ロシア政府はユダヤ人に厳しい迫害を加えている。もし日本に敗れたら迫害方針を変えるのではないかと思っている。早速そのシフに会ってみたら、なんと第一回外債一千万ポンドの半分、五百万ポンドを引き受けてくれるという。

ちょうどそのころから満州の戦場で日本軍が大勝したとの朗報が入るようになり、外債の発行は順調に進んで、最終的には予定の八億円を外貨で調達できた。

児玉源太郎は、この戦争は正面攻撃だけでは早期決着はつけられないと考えていた。日本軍人が中国人に化けて、ロシア軍後方の満州奥地に潜入し、情報収集や補給路の妨害にあたるもので、袁世凱に渡りをつけ青木大佐に実地にあたらせた。

さらにロシアがニコライ二世を中心とする特権的貴族社会で、貴族と農民（農奴ともいう）には生活に天地の差があり、そこから出る不満は抑圧し難いまでになりつつあった。この社会不安に乗じいくつかの革命運動が蠢動しつつあったが、これに資金を渡し促進させようとした。この任務を明石元二郎大佐に命じた。

明石元二郎は大軍を操る司令官タイプではないが、外国語には天性の才能があり、また行動力も抜群である。その活動資金として百万円渡している。大ロシア帝国を内部からゆさぶろうというのである。

第四章　日露戦争

構想どおりの緒戦の勝利

日露戦争の戦闘は、まず黄海の制海権を抑えるための日本海軍の攻撃で開始された。当時、ロシアの海軍力は世界第三位、しかも第二位のフランスに迫るものであった。これを本国のバルト海と太平洋（極東）に二分し、かつその太平洋艦隊が日本の海軍力と拮抗する力を備えていた。また、その配備は一部をウラジオストックに置いたが、主力は旅順軍港にあった。

日本の連合艦隊主力は二月七日より行動をおこし、旅順軍港南方にあるロシア太平洋艦隊の攻撃に向かい、まず駆逐艦隊三隻による魚雷を用いての先制の夜襲をかけた。この攻撃でロシアの軍艦三隻に損害を与えた。

その損傷はたいしたものではなかったが、無鉄砲とも言える勇敢な奇襲は、ロシア側に日夜心休まらぬ心理的恐怖を与えた。

日本の別動艦隊は、陸軍将兵二千名を満載した商船を護衛して仁川に向かい、その上陸を見届けたところで、二月九日、ロシアの二等巡洋艦と砲艦に遭遇、砲戦の末、これを撃沈大破させた。

なお、この九日、東郷平八郎率いる主力艦隊は、黄海に向かって出てきたロシア太平洋艦隊と砲火を交えることが出来たが、双方若干の損傷を受けた段階で、ロシア艦隊は旅順港の要塞砲の射程内に逃げ込み、そのままの状態が長く続くことになる。

ロシア側はこの極東艦隊を温存し、バルト海にいる本国艦隊を極東に回航させ合流させて、圧倒的戦力で日本海軍を殲滅、制海権を奪い返す戦略であった。日本側としては制海権を失えば、すなわち満州に送り込んだ数十万の兵力を全滅させることになる。

制海権を手中にしたところで日本陸軍は、第一軍団の主力を、平壌西南にある鎮南浦に上陸させることに成功、韓国駐留のロシア軍を追いながら韓満国境の鴨緑江に進出した。そこには大河鴨緑江を隔ててロシアの大軍が、火力を集積して日本軍の渡河を阻止せんと待機していた。

四月二十九日、このロシア軍をまえにして黒木第一軍司令官は慎重であった。斥候を出して河の情況や敵情をよく調査した。その上で囮橋二ヵ所の架橋にかかった。

それはすぐロシア軍の知るところとなり、砲弾が集中し始めた。

しかし、それで敵砲兵陣地のありかが判ってきた、すかさず優秀な射手の日本の速射砲はそこへ正確な砲撃を集中、破壊することが出来た。そのころ日本の速射砲は一度据えつけると、何発も安定して連続発射出来た。その威力は大きかった。

このようにして、あらかじめ手薄と見ていたところで、渡河を開始し激戦の末、満州側に拠点をつくることが出来た。

この拠点はロシア軍主力からはかなり上流にあったので、双方の主力が激しい銃砲撃戦を繰り返している間に、奥深く敵の左翼背後を脅かす存在となり、ロシア軍は混乱し、退却を始めた。逃げ遅れた後衛部隊は降伏、またこの地方の要衝九連城一帯を制圧できた。これは両軍最初の大軍による激戦で、これが伝えられると外債発行にも好影響が現われた。

この一連の闘いは、日本軍が兵員、火器でロシア軍より優勢のうちに進めることができた唯一のものであった。これが五月二日ごろの様相である。

緒戦で大勝利を納めその勢いを駆って軍を進め、講和のチャンスを作るという児玉の構想によるものであった。

しかし、以降は絶えず優勢なロシア軍を前に、ただ将兵の死を恐れぬ勇敢さに支えられ、辛うじて連勝を続けることができたのである。

ここでちょっとしたエピソードを紹介したい。

五月二日午前十時頃、築地の待合、『かしわ家』に突然、児玉源太郎が現われた。

「なんか愉快なことはないか。夕方まで間がもたんのじゃ」

おかみはひと風呂浴びさせ、その間に置屋に電話して、特に明るい芸者二人を用意した。

しかし、今日の児玉は落ち着かない。

「どうなさいました」

「実はな、今日大事な戦さがあって、その結果がなかなか入らんのよ」

そこでおかみが大事な所を指差して笑い出した。

「殿、大丈夫でございますよ。だらりとして、縮こまっていませんもの」そこで一座は大笑いとなった。

源太郎は浴衣で座ると、大きな一物がふんどしからはみ出していることが多かった。

それにしても、当時は高橋是清らの外債募集に明るい見通しがなく、この戦果が一日千秋の思いで待たれていたのである。

予想を遥かに上回る戦力消耗

次に陸軍は三月六日、第二軍の動員下令。奥保鞏《おくやすかた》大将を司令官とし、第一師団、第三師団、第四師団、第五師団、第十一師団、それに秋山好古少将の騎兵第一旅団で構成された大軍団である。

この軍団を旅順に近い大連付近に上陸させたいのであるが、まだ旅順の敵艦隊は健在であるため、東に離れた塩大澳と決め、幸いに無血上陸することが出来た。第一攻撃目標は金州、南山の攻略である。それは奉天を中心とするロシア満州軍を旅順、大連と切り離す効果がある。

第二軍は五月二十六日、大連の北方二十キロにある金州南山要塞の攻撃にかかった。まず夜明けと共に猛砲撃を開始、六時間も続けたが掩蔽された敵砲台は破壊されず、その砲火は衰えない。逆に第二軍の砲弾が底をついてきた。日本軍は要塞攻撃で掩蓋砲台を撃破するには相当数の重砲とその弾薬を用意する必要があることを知らなかったのである。

そこで銃と剣の肉弾戦を決意せざるを得ないが、そこには数十梃の機関銃が待ちうけている。参謀たちはここでいったん後退し、力を養って再挑戦をと進言するが、奥司令官としては外債募集に関し英米市場であがっている信用を傷つけたくないと苦慮していた。

そこへメッケルが賞賛していた第四師団長小川又次が現われた。

「わが軍は疲れ切っているが、敵も同じはずだ、今度は敵の弱点に砲撃を集中、歩兵の総力をあげてこれを突破しよう」との提案である。

幸いにも南山の西側は金州湾になっている。そして砲艦二隻が南山要塞に砲弾を打ち込める状態にあった。これに砲兵隊も加わり、その援護のもと、全滅覚悟で歩兵の攻撃をかけた。

その勢いにロシア兵は浮き足立った。そして次々と各要地を抑えることが出来た。時に午後七時三十分、夕陽が金州湾に沈むころであった。

この南山の戦闘には三万六千人余の将兵が参加し、死傷者は四千三百八十七人であった。当初第二軍としては死傷者の概数を約三千人と報告していた。それでも東京の大本営では余りに多過ぎる、一つ零が多すぎるのではないかと問い返してきた。それが遥かに多い四千三百余人である。日本軍は掩蓋に護られた機関銃の威力をまざまざと見せつけられたのである。日本軍が初めて機関銃に対面したのは鴨緑江戦のときで、その威力の素晴らしさに研究を始めていたが、戦場で使い始めたのはようやく遼陽戦のころからであった。

しかし、これで旅順をロシア本体から切り離し、孤立させ得たのである。

そのころ、東郷率いる連合艦隊は、ロシアのバルチック艦隊が極東に回ってくるとの情報を得ていた。その前に旅順の太平洋艦隊をやっつけておかねばならぬ。焦るが相手が出てこないのでは勝負にならない。

そこで湾口が狭いことに目をつけ、船を沈めて湾口の航路を閉鎖する作戦に出た。しかし、ロシアの監視の厳しい中、果たして船を有効な場所に移動できるか。発見されれば、陸上の砲台より無数の弾丸が飛来し、目的地に着く前に沈没する可能性が高い。現に米西戦争でアメリカ軍は、キューバのサンチャゴ軍港に逃げ込んだスペイン艦隊を封鎖すべく船を沈めることを実施したが、失敗していた。

しかし、躊躇する暇はなかった。さっそく決死隊を募り、第一回、第二回と試み、第三回まで行くが失敗の連続である。

その間沈めた船は一万二千トン余りで、また忠良なる将兵を多数失った。広瀬武夫中佐もその一人である。その間、逆にロシア側が敷設した機雷に触れたり、味方同士の衝突で戦艦を含む四隻の軍艦を失った。

旅順攻略――満州軍総参謀長に親補

ついに海軍は、陸軍に旅順要塞を落とし、ロシア艦隊を追い出してくれと要請してきた。これについては付け加えるべき話がある。

四月初めの陸海合同作戦会議で海軍側より、

「旅順はロシア艦隊の軍港であるから海軍が作戦の任に当たる。陸軍はタッチする必要なし」と宣言していた。

しかし児玉源太郎にとってロシア海軍の問題は日本の勝敗を決める重要な問題である。日本が万一制海権を失った場合を考えると、人任せでは済まされない。そこで第三軍の編成準備は、四月から始めていた。

五月二十九日、乃木希典を司令官に第一師団、第十一師団を配した。

乃木は当時予備役に退いていたが、復帰させている。乃木を選んだのは、日清戦争でこの旅順攻略に二個師団が当たったが、乃木少将率いる旅団が中心となり、一昼夜の激戦の末攻略している。当時もこの旅順要塞は難攻不落といわれていた。その実績を考えてと思われるが、自惚れの強い参謀長と組み合わせたことは失敗であった。

この後の第三軍の攻撃は、他からの助言は一切聞こうとしない硬直したもので、いたずらに兵を失うばかりであった。しかし、この要塞は早く陥落させねばならない。さらに六月三十日、第九師団後備歩兵第一旅団、第四旅団、野砲兵第二旅団を追加しなければならなかった。

一九〇四年（明治三十七年）六月二十日、新しく参謀本部から独立した形で満州軍総司令部が組織され、その総司令官に元帥大山巖が、同軍総参謀長に大将児玉源太郎が親補された。参謀本部には総長に山県有朋元帥が親補され、参謀本部次長には長岡外史少将が児玉源太郎の後釜として任ぜられた。

軍人にとっては、直接戦場に出て、功名をあげることが最高の名誉とされ、また出世の条件でもある。この人事について、大山総司令官親補の席上、明治天皇は、「総司令官としては山県もよいのだが、鋭すぎて細かいことまで口出しするから諸将が喜ばぬようだ。その点お前ならいい」と話された。

大山は笑いながらお答えした。

「すると、大山はボンヤリしているから、いいというわけで、わかりました。こまかいことは児玉さんに任せます。その代わり負け戦さになったときは、私が陣頭に立って指揮いたします」

満州軍総司令部新設の案が出たとき、初め山県が大分色気をみせていた。しかし、児玉源太郎を中心に人事を編成しないと、この戦いは勝てないと誰もが考えていたのである。

長岡外史少将の情報収集

児玉の後任次長の長岡外史少将は、児玉の郷里徳山に近い下松出身で、早くから関係があった。彼は軍人の枠にとらわれない視野を持っており、日清戦争の功績も加味して、一八九九年（明治三十二年）八月、欧州への留学を命ぜられた。当時予想されていたロシアとの決戦に備え、軍の装備や各国の動向、特にロシアに関する情報の収集が目的であった。

主任地はドイツ・ベルリンになる。そこに隣村出身の玉井喜作がいた。

この玉井は札幌農学校のドイツ語教師をしていたが、一八九三年（明治二十六年）ウラジオストックから隊商に加わり、シベリア大陸を十六ヵ月かけて踏破、ベルリンに着くや、地元新聞社に就職、そのかたわら欧州までの冒険旅行を『シベリア隊商紀行』として出版、評判になっていた。さらにその印税をもとに、貿易に関連させて、日本や極東の実情を紹介する月刊誌「イースタン」を発刊するほど、ジャーナリストとして成功していた。

長岡はこの玉井と親交を深め、対露関係で福島安正―児玉の情報拠点として貢献してもらったことは、もちろんである。

また、一九〇一年（明治三十四年）、かのオッペケペ節で有名な川上音二郎・貞奴一座が欧州巡業中、十一月のベルリン公演の際、玉井は多くの在留邦人を招いて記念の宴を張ったが、長岡はもちろん、若き長岡半太郎・美濃部達吉・鈴木貫太郎の顔もあったという。

一九〇二年（明治三十五年）八月になると長岡に帰国命令が出るが、さっそく朝日新聞記者らとともにシベリア鉄道を利用することにした。そしてモスクワでは、陸軍の諸施設を見学するなど二十日余を費やし、旅順に到着した。

長岡としては旅順は特に関心があったが、今までの旅行とは一変し、旅順に入ると急に警戒が厳重になり、監視員がつくほか、見学先も限定され、また宿泊も拒否された。そこでおびただしい量のセメント樽が搬入されたことを知る。

これで旅順要塞はコンクリートで飛躍的に強化されているに違いないと推理し、参謀本部に報告している。

また、ロシアとの開戦後のことであるが、旅順攻略の第三軍参謀長、伊地知《いぢち》幸介《こうすけ》少将に陸軍士官学校同期のよしみで、正面攻撃は避けるべきだと助言、またこの堅固な要塞攻撃には巨砲が不可欠であると、海岸砲塁の二十八センチ榴弾砲を送ったことは、後述する。

なお長岡は、わが国スキーの先覚者、スキーの父とも言われている。帰国直前の一九〇二年（明治三十五年）一月には、八甲田山死の行軍の惨事に思いをはせ、その対策を考えていたが、日露戦後、新潟県高田にある第十三師団長に就任すると、その豪雪をみて、滞欧中、目にしたスキーの導入を考え、まず軍から始め、民間にも波及させたことによる。

また、飛行機にも関心があった。陸軍が飛行機を視野に入れてつくった研究機関・臨時軍用気球研究会の初代会長に就任し、埼玉県所沢に航空機開発に欠かせない、日本初の飛行場を実現させた。

立ちはだかる旅順要塞

話を日露戦争に戻すと、一九〇四年（明治三十七年）六月三十日、野津《のづ》道貫《みちつら》大将を軍司令官とする第四軍が編成された。第五師団、第十師団、それに後備歩兵第十旅団で構成される。

この第四軍は、第一軍と第二軍の中間に位置し、状況に応じ第一と第二に策応して戦うことが任務とされる。

大山巌、児玉源太郎らの満州軍総司令部は七月六日、新橋駅を出発、十日、広島宇品港より安芸丸で大連に向かった。

途中、連合艦隊の根拠地に寄り三笠の東郷らに会っている。ここではもちろん、陸軍の力で敵艦を旅順港外へ一日も早く追い出してもらいたい、との連合艦隊の要望が中心となった。このとき児玉源太郎は、旅順要塞は十日もあれば陥落できると答えている。近代兵法に基づきコンクリートで固められた本格的要塞に対する認識に皆欠けていた。

十四日、大連に入り第三軍配置の報告を受け、二十三日大連を出発、最前線へと向かった。第三軍が担当する旅順攻略戦は日露戦争のアキレス腱になる。旅順の要塞は、日清戦争では乃木少将率いる一個旅団がわずか一昼夜で陥落させているだけに、いくらロシア軍が近代技術の粋をこらしコンクリートで構築したものであっても、たいしたものではあるまいとする日本軍の考え方は甘かった。

そのうえ頭が固く、自尊心だけは人一倍強い参謀長を配置したことは不幸であった。加えて児玉参謀本部も、この旅順要塞については調査を怠っていた。

第三軍は当初順調に兵を進め、七月十九日には旅順要塞の正面に達した。

そのころ、既述したように長岡外史から、旅順要塞は想像を超えるほど堅固であり、正面攻撃は避けるべきであるとの忠告のほか、海軍から、防護の薄い二百三高地を落としてくれたら、そこに弾着観測隊を置いて港内の軍艦を砲撃できるから、との申し入れと共に、海軍中佐黒井悌次郎率いる海軍陸戦隊重砲隊と、四十口径アームストロング十二センチ砲二門が提供された。

しかし、第三軍参謀長伊地知らは正面攻撃にこだわった。正面にある松樹山、二竜山、東

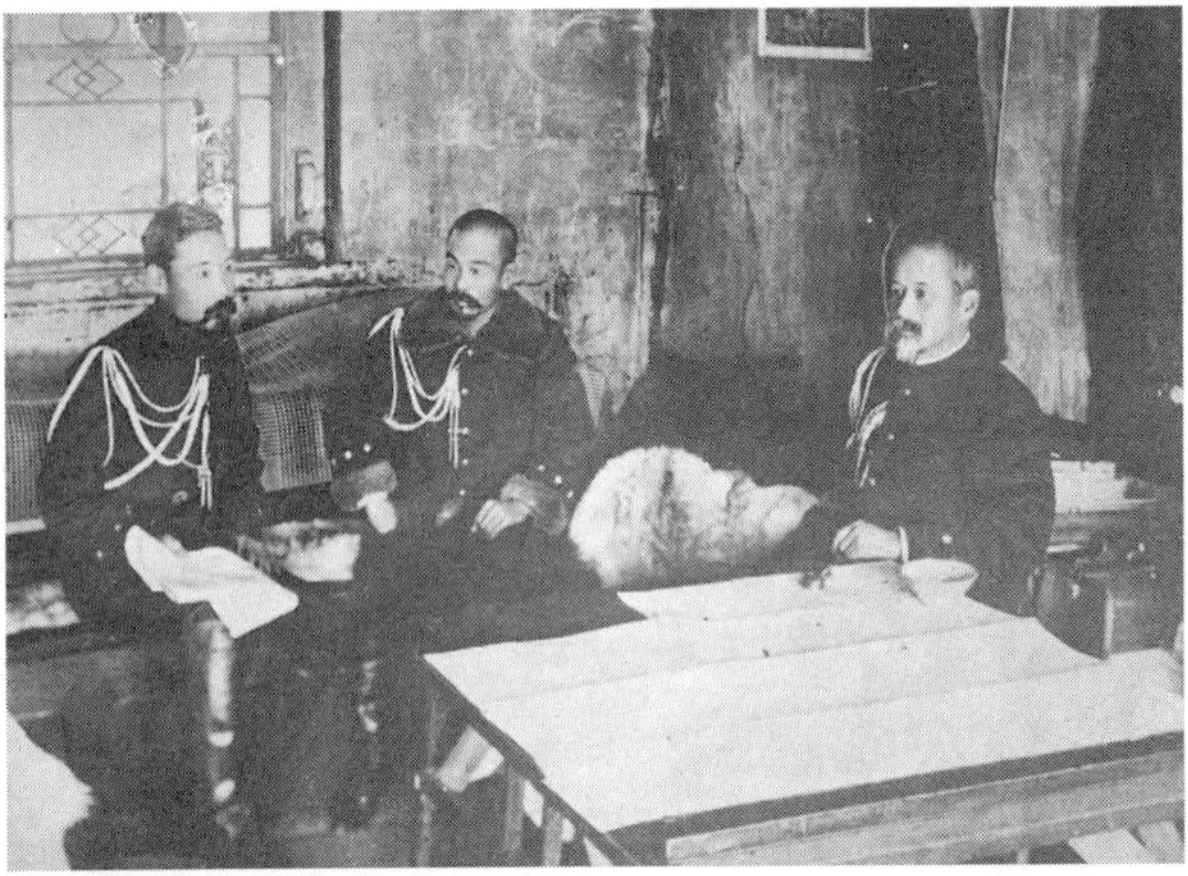

日露戦争開戦後、中国・煙台で撮影された満州軍参謀。右から総参謀長・児玉源太郎大将、第三課長・井口省吾少将、第一課長・松川敏胤大佐。

日露戦争出征前に撮影された児玉源太郎(右端)と家族の記念写真。

鶏冠山が目標で、旅順要塞群でも最も強固な陣地である。

この要塞群にせっかく提供してもらった海軍の重砲は除き、手持ちの野砲等で三日三晩、砲撃を続けた。これで充分要塞は破壊できたと判断し、歩兵の攻撃を開始した。

しかし、要塞の機能は全く健在であった。山腹を匍匐前進する兵に対し、機関銃の一斉射撃が集中し、バタバタと死傷者を出すばかりであった。

こんな攻撃を繰り返しているうち、ついに海軍の重砲二門を参加させることになり、八月七日、火石嶺に築いた砲台から旅順港に向かって射撃を開始した。

これは陸軍の野砲などに比べ五倍の威力があり、射程距離が長い。砲台から軍港まで八千五百メートルあったが、静止した砲座から静止した目標を撃つので精度は良い。弾は旅順市街、重油タンク、倉庫群に命中し、二千トンの商船を撃沈した。翌九日は戦艦二隻に命中、大きな損害を与えた。これがきっかけとなって旅順艦隊の一部をウラジオ軍港に避難させようと出港を促し、黄海海戦の端緒を作った。

しかし、火石嶺からの砲撃では、山が前に立ちはだかりこれ以上の軍艦への砲撃はできないので、陸軍の要塞攻撃に参加することになった。

このころ、長岡参謀本部次長は大砲の設計者有坂成章少将の助言を得て、当時全国の要地に配置されている海岸砲塁（この海岸砲塁とは東京湾口に残っていた第二海堡、第三海堡もその一連をなしていた）の二十八センチ榴弾砲六門を外して、第三軍に送ることを考えた。そして第三軍の伊地知参謀長に連絡したところ「送るに及ばず」の返事がきた。しかし、六門は外して送る準備も進んでいることであり、とにかく送ることにした。

九月十四日、大連港着、九月二十二日には王家甸子等の要地に据え付けられた。この威力は海軍の十二センチ榴弾砲を遥かに越え、さらに十二門の追加を要請することになる。

しかし、これらの砲を加えても、正面のロシア軍要塞には充分な効果がなく、歩兵の損害を重ねるだけである。その上、海軍からの早期陥落の督促は厳しくなるばかりである。

ここで乃木司令官は、やっと伊地知参謀長の主張を退け、一番の攻撃目標に二百三高地を加えた。

この時点になるとロシア軍は、二百三高地が重要であったにかかわらず要塞化を進めていなかったことに気付き、急造の防護工事を進めていた。

それに第三軍の参謀は、危険な第一線へ出ることを避けるので調査は不充分となり、作戦に盲点が多くなる。それで、せっかく歩兵が山頂を攻略しても、後の援護がなく、奪回されるということが続いた。こんな状況が繰り返されて十二月を迎える。

陣頭指揮で旅順を落とす

児玉源太郎は十一月末、自分が旅順に行かねばならぬと意を決して煙台を出発、十二月一日、柳樹房駅近くの第三軍司令部に入ると、伊地知参謀長がいた。児玉は頭ごなしに作戦がすべて失敗している理由を追及した。その伊地知の返事は、砲弾が充分届いていないからということであった。

児玉はこんな男と話をしても無駄と思い、乃木のいる土城子に向かった。そこで乃木と共に二百三高地のよく見える高崎山に進み二人だけで話し合い、乃木は今後の指揮を児玉源太郎に任せることにした。二人は夜道を馬で柳樹房の軍司令部へ急ぎ、九時過ぎに着いた。

早速、乃木司令部の全員を集め、児玉が中心になって作戦会議を始めた。まず各幹部に自分の担当分野についての報告と、今後の考え方について発言を求めた。しかし誰一人、二百三高地攻略に対する工夫も発想も持ち合わせていなかった。

そこで児玉は腹を固め厳然として言った。

「攻撃計画を次のように決定する。

一、二百三高地の占領を確実にするため、速やかに重砲の陣地を高崎山に進め、椅子山の制圧を準備すること。

二、二百三高地占領後も二十八センチ榴弾砲を十五分ごとに発射し、一昼夜続けて敵の逆襲を阻止すること。

意見があれば述べよ」

すると奈良砲兵少佐が反発した。

「重砲陣地の速やかな移動は不可能であります」

それ相当の理由はあるようだが、児玉は厳然と命令した。

「やる気になれば出来る。二十四時間以内に重砲陣地の移動を完了せよ」

次いで佐藤砲兵中佐が言った。

「高地占領後も逆襲する敵を阻止するため、十五分間隔で砲の射撃を継続せよと言われますが、味方撃ちになる心配が大です」

「そこを注意してよくやれ」と言う児玉に佐藤は、

「陛下の赤子を陛下の砲で撃つことなど出来ません」と反発した。

これを聞いて児玉源太郎は、急に涙を流しながら怒鳴った。

「陛下の赤子を無為無能の作戦によっていたずらに失ってきたのは誰だ。わしはこれ以上兵の命を無駄にしたくないから作戦の変更を命じているのだ。援護射撃によってあるいは味方を撃つことがあるかもしれぬ。しかし、その場合の損失と作戦の失敗で失う人命と、どちらが多いのか。杓子定規の考え方で今までどれほど無駄な命を失ってきたことか。

先ほど二百三高地の西南に百名近くの兵が昨夜から張りついていると言う。その姿を実際に見てきた者がいるか。参謀が前線を見ようとしない。そんなことで成功するはずがない」

この児玉の大喝で一同は眠りからたたき起こされたようになった。

児玉源太郎が厳命した重砲の移動も進み、二十八センチ榴弾砲の十数門の大砲が二百三高地およびその近くの老虎溝山、椅子山に猛射を続けた。

児玉は乃木や参謀らと、近くに砲弾が落下する危険な場所であったが、その岩陰から注視した。二百三高地西南の斜面に百人足らずの日本将兵が頑張っているのが認められた。

日本軍の重砲砲弾は二百三高地、および周辺の堡塁の砲火器を粉砕してゆき、午前九時、ロシア側の砲火の勢いは止まった。直ちに斎藤少将率いる第十四旅団は二百三高地西南山頂に突撃を開始し、激闘の末ついに占領した。

午後一時には二百三高地の全山を完全に占領できたので、弾着観測将校を移し、時を移さずそのリードで旅順軍港内の艦船の砲撃を開始した。この観測隊の誘導のもと発射される二十八センチ榴弾砲の威力は真に素晴らしく、旅順の海軍基地、そして巨艦からつぎつぎに爆煙が上がるのを確認できた。

児玉源太郎はこの様子を見届けるや、とって返すように煙台の満州軍本部に急がねばならなかった。時に十二月十日であった。

その後、日本の要塞砲でロシア海軍は壊滅、山頂の要塞群もつぎつぎに陥落し、乃木軍が旅順に入城できたのは明けて一月十三日。

七月三十一日攻撃を開始して以来、実に五ヵ月余。この戦闘に参加した人員は後方を含めると十三万人、火砲三百九十三門で、死傷者五万九千余人、うち死者一万五千四百余人であった。まさに対ロシア戦の関ヶ原であった。

児玉の指揮により、旅順要塞攻略に決定的な役割を果たした28センチ榴弾砲。

明治38年7月、奉天の満州軍司令部で撮影された将軍たち。左から、第一軍司令官・黒木為楨大将、第四軍司令官・野津道貫大将、参謀総長・山県有朋元帥、満州軍総司令官・大山巌元帥、第二軍司令官・奥保鞏大将、第三軍司令官・乃木希典大将、満州軍総参謀長・児玉源太郎大将、鴨緑江軍司令官・川村景明大将。

遼陽会戦での砲弾不足

すこし戻って、旅順攻略戦が続く間も、第一軍は鴨緑江、鳳凰城より遼陽をめざし、第二軍は南山より大石橋等の激戦を経て遼陽へ、第四軍は第一軍と第二軍の間を埋めるように大孤山に上陸し、先に上陸していた先遣旅団を加えて、拆木城の戦闘を経、やはり遼陽へ向かった。

当初児玉源太郎は、全満州軍を結集して遼陽でロシア軍に大打撃を与え、講和へのチャンスを摑みたいと考えていたが、第三軍が旅順に張りついている現状では望むべくもない。

遼陽の街は、満州の首都奉天に次ぐ大都市で、奉天から約六十四キロ南にある。鉄道は街の西側を通っていたが、街は鉄道に沿って長さ千メートル、幅八百メートルにわたって高さ十二メートル、厚さ六メートルの煉瓦の城壁に囲まれていた。

ロシアが不法占領以来、多くのロシア人が移り住んで満州人を追い出し、ロシアの街と化していた。

多くの苦力《クーリー》と呼ばれる満州人労働者や小売商人は、街の外側から働きにきていた。

作戦的には旅順からの鉄道、主要道路と鴨緑江側の九連城からの街道の交点となる戦略的要点である。ロシア満州軍の軍需物資の集積地で、この遼陽を中心にして、遼東半島方面や朝鮮半島方面、大孤山方面に兵員、武器を輸送して闘っていたのである。

この遼陽を守るクロパトキン率いるロシア軍は、次々と兵員、武器弾薬の補給を受け、その兵力は二十二万人、対する日本は第一軍、第二軍、第四軍で兵力十三万人、特にこのころには弾薬が不足がちであった。

唯一の朗報は二百四十梃の新鋭機関銃が届いたことであった。そして第二軍は特に激戦続きで疲労困憊のはずが、士気は盛んであった。

八月三十日、第二軍と第四軍が前面のロシア軍に総攻撃をかけ、当初はロシア軍に押され気味であったが、第一軍が東側面に進出すると、露将クロパトキンは大打撃を受けることを恐れて、全軍に退却を命じた。

敵の退却は、そこに砲弾を撃ち込み大損害を与えるチャンスであることは軍師の常識とするところであるが、日本軍は砲弾が底をついていた。そこでロシア軍は世界に対し、「ロシア軍は予定の退却を行なっただけ。日本軍はそれに従って進出した。しかし、いずれ奉天で大打撃を与えるであろう」と宣伝を始めた。

事実、外国の観戦武官や報道記者には、なるほどと映る点があったのだろう。日本の外債募集が苦しくなったのである。

その後ロシア軍の南下があり、それを沙河で迎え撃って、遼陽を基地に兵力を養い越年することになる。

黒溝台の危機と児玉の誤算

年が明けた一月下旬、今度はロシアの十万を超す大部隊が日本軍の左翼に襲いかかった。しかもロシア軍中、最も勇将といわれるグリッペンベルグ大将率いる軍団である。

これを迎えたのは三万弱。これを守り切るのは尋常ではない。当初偵察を主任務とする秋山好古騎兵旅団長より敵の大軍南下の報告を受けたが、児玉参謀部はこの時期それ程の大軍が動かせるはずがない、との単なる先入観でこの報告を軽視したため、日本軍はたちまち苦境に落ち込んだ。幸いにも立見尚文第八師団長や秋山好古旅団長の機関銃を有効に駆使した用兵と、勇敢な部下に助けられ反撃に出ることが出来た。

この黒溝台の攻防は、日本軍にとって最も危機的な戦いであった。

第八師団は、八年前に八甲田山の冬期演習で大きな犠牲を出した弘前師団であり、率いる立見尚文中将は、児玉源太郎が台湾統治時代、協力を惜しまなかった参謀長であった。

この戦いで最も活躍した騎兵第一旅団長秋山好古少将は、日本海海戦の名参謀秋山眞之海軍中佐の実兄である。秋山好古は日本の騎兵の基礎を作った人物で、自らその騎兵部隊を引き連れて日露戦争で大きな戦功を立てるのである。

当時、児玉総参謀長は、たびたび東京の参謀総長山県有朋に、武器弾薬、とりわけ弾薬が不足してしばしば勝機を逸している現状を伝え、さらなる砲弾の増量を要請するが、東京からはいずれも国内はもちろん、外国からの調達もままならぬ現状を伝える返事で終わっていた。

さて、このころ児玉源太郎の長男秀雄が大蔵省事務官として、満州軍の財務問題で出張、かの地に滞在し父親と同宿していた。ところが、毎朝夜明け前に源太郎が防寒衣に身を固めて抜け出すのを認めたので後を追った。

源太郎は零下三十度の荒野のある一軒の農家の陰に立って、一心に朝日に合掌している。秀雄は平素全く神仏に無関心な父の行動に、心配で声を掛けた。その返事は、

「日一日と補給で優勢になる敵を前にして我々は人事を尽くしている。後は天命を待てば良いはずだが、それだけでは夜も寝られぬ。神に祈らずにおれないのだ」と他言無用ということで答えた。

確かに児玉は伊藤を説得し、桂首相の尻を押して開戦の決定をさせた。

それは実情を知るすべての者が、シベリア鉄道未整備のうちにロシアを叩かなければやがて日本は亡びると考えた結果の答えであるが、とにかく児玉がそれら識者の先頭に立って早期開戦を進めたことは間違いない。それだけに児玉の責任は重い。その重圧は計り知れぬものであったろう。

また、金子堅太郎がアメリカに出発するとき勝機を六分と答えているが、腹のなかでは、もっと高く見ていただろう。

しかし、そこに幾つかの誤算が出てきた。開戦の遅れ、旅順攻撃の長期化などである。その結果、遼陽で敵に大打撃を与え、講和に持ち込みたいと考えていたことが兵力の不足、砲弾不足で果たせず、さらに奥地に進撃せねばならぬ。そのストレスは並大抵のものではない。

しかし、良く反省すると、これほどの大事業である。この程度の誤算は当然折り込むべきであった。しかし、もはや引き返せない。そこでこの戦争はともかく、将来は、十二分の勝算がない限り戦争など考えるべきではない。そのことを自身はもちろん、後世に伝えておかねばならぬ。

このような状況から、彼の国防に対する思想が形成されていくことになる。

奉天会戦での勝利

いよいよ奉天の決戦が始まる。時に一九〇五年（明治三十八年）二月二十二日である。

このころ、乃木希典率いる第三軍が最左翼（西側）に、また新たに編成され、この戦いに参加することになった川村景明率いる鴨緑江軍が最右翼（東側）に配置された。

この日本軍の兵力は二十五万、対するロシア軍は三十二万で大砲は質量ともに優勢であったが、機関銃については日本軍が優勢であった。

二月二十二日、日本軍の鴨緑江軍、第一、第四、第二軍がじりじりと攻勢に出るが、敵の攻撃も強力で一進一退を繰り返していた。

そこへ、三月六日、

「旅順を陥落させた鬼の乃木軍が我々の退路を断つべく西奥深く進攻し始めた。退路が危ない」との情報がロシア軍を恐怖に追い込んだ。

三月七日に至り、第一軍、第四軍の正面の敵から崩れ始めた。大山総司令部は直ちに追撃に転じた。

敵の退路を脅かす使命を担っていた第三軍は、遮二無二前進して、退路となる鉄道を制圧しようと死力を尽くしたが、九日、またしても猛烈な南風が吹き出し、砂塵を巻き上げ、五メートル先が見えないありさまで、退く者も、また追う者も充分な行動が取れず、わずかに及ばないまま主力を逃してしまった。

しかし、日本軍は勝利を収めた。世界の世論は日本軍の武勇を讃美した。

これを機会に大山司令官は、奉天北方に陣地を構築して敵の攻撃に備える一方、講和の時期であることを大本営に報告のため、児玉源太郎が上京することになった。

他方、ロシア側の事情を述べておきたい。

ロシア極東軍司令官を命ぜられたクロパトキンは、赴任に先立ち、信頼していた大蔵大臣

ココボッオフ伯に、

「自分はできるだけ損害を出さぬよう戦いつつ退却を続けるが、主戦場をハルビンに置いてここで日本軍を叩きのめすつもりだ。問題はそれまでロシア宮廷が待ってくれるかである。何とか宮廷への説得を頼みます」と話した。

過去のナポレオン撃退の前例があるだけに、まことにもっともな計略である。しかし、心配した通り皇帝は許さなかった。クロパトキンを解任し、攻撃型のリネウィッチ将軍に代えた。

しかし、その前に児玉らは補給のこと、それに日本国の戦争継続能力を考え、奉天で進撃を止め、守勢に回りながら講和に期待をかけることに方針を変えていた。

「戦後」を見据えて講和への道筋を探る

児玉満州軍総参謀長の上京を待って三月三十一日、大本営において陸軍部会議が開かれた。出席者は伊藤枢密院議長、山県参謀総長、桂首相、小村外相、山本海相、寺内陸相、曽根蔵相である。

児玉源太郎から戦況および見通しが述べられ、日露両軍の勢力逆転の可能性を説明し、一日も早い講和の必要性を提議した。これは開戦時からの懸案事項であるから直ちに満場一致で決定された。

なお今後の陸軍の行動につき、満州軍は一応ハルビン攻略の姿勢を続ける、韓国内のロシア兵は完全に一掃する、樺太を占領するの三点を決定した。

また政府は滞米中の金子堅太郎に指示し、日露停戦の仲介をアメリカ大統領ルーズベルトに依頼することとした。

その後も児玉総参謀長は忙しく各地を回っていた。

彼の頭には、南満州は何が何でも日本の勢力下に、確保しておかねばならぬ。どんどん脹れる日本の人口の展開先としても、ここを活用しなければ八万人余の英霊に対し、申し訳が立たないと期するところがあったようだ。

また、児玉源太郎は、以下の思想を持っていた。

「戦争を始める者は、戦争を終わらせることを考えておかねばならぬ」

「戦場として荒らした地は、終戦の後は以前にも増して住みやすい環境に直す責任がある」

それだけに児玉大将は、戦線膠着の間も寸暇を惜しんで現状の確認と、さらに将来の満州経営のことを考えて、視察を続けている。

副官のメモによると、
六月一日　兵站業務整理のため鉄嶺に赴く。

六月三日　炭坑視察のため撫順に出張。

六月七日～九日　視察のため新民府出張。

六月十九日～三十日　遼東兵站部および民政長官部創立の要務を帯びて大連に赴く。

七月十四日～二十四日　鴨緑江軍の状況確認のため松川少将を伴い、撫順より興隆街に赴き軍司令官と会談。

当時の交通機関には自動車はまだない。鉄道と騎馬の連続になるが、まさに驚異的スケジュールである。

このころ、欧州ロシアでは、満州での戦争以上に憂慮すべき事態が起こり始めていた。一月十六日、首都ペテルスブルクで重工業の労働者が労働条件の改善を要求しストライキに入り、それが他産業に拡大し始めた。二十二日、社会混乱の改善を求め、ロシア正教の主教に指導された勢力が、皇帝に面会を求め、デモ行進を始めた。この行進に軍が発砲し、多くの死傷者を出した。後に「血の日曜日」と称された事件である。

この動きは「革命は革命を呼ぶ」とレーニンが言った通り、その年の六月、軍隊の反乱や全国的な農民の暴動へと発展するのである。

ロシア政府首脳には、賠償金もなく領土を失うこともなければ講和を結んだ方が良い、との気運が出始めた。しかし、極東へ向かっているバルチック艦隊はインド洋を東進中である。最終決定はその結果を待つことになった。明石元二郎の苦労も報われ始めたのである。

もない。

奮戦する海軍に迫る決戦の時

日露戦争での海軍の活躍もめざましいものであったが、しかしすべて朗報であったわけでもない。

ロシアのウラジオストック艦隊を封じ込め、日本海の制海権確保を任務とする、上村彦之丞率いる第二艦隊は、一九〇四年（明治三十七年）五月、洋上でウラジオ艦隊を発見したが、急に濃霧が流れ込んで見失った。その後、護衛の任にある和泉丸と常陸丸を撃沈された。特に常陸丸には千名の兵士が乗っていた。彼らが一瞬にして海の藻屑と化したのである。ごうごうたる非難が寄せられた。旅順港外では機雷にふれ、あるいは味方艦同士の衝突で戦艦二隻を含む八隻の艦を失う事件もあった。

日本海海戦までに戦果もあげている。日本陸軍が旅順港を攻撃し、八月八〜九日、アームストロング十二センチ砲で軍の倉庫群や軍艦を砲撃、大損害を与えた結果、このままでは戦わずして滅することを恐れ、旗艦チェザレウィッチを先頭に十七隻がウラジオ軍港に移動する挙に出た。しかし日本連合艦隊の発見するところとなる。これはウラジオに逃げ込まんとする者と、逃がさじとする者の衝突である。日本艦隊はよく戦い、敵艦に大打撃を与え、一隻もウラジオ港に入るものはなかった。これを黄海海戦と称している。

その四日前、上村第二艦隊は蔚山沖にウラジオ主力艦隊を発見、たちまち撃沈撃破したが、特に旗艦リューリック撃沈で多数の遭難者が海上を漂っているのを全力で救助し、その数は六百余名に及んだ。このことは美談として世界の賞賛を受け、外債募集に明るい材料を与える効果を生んだ。

日本政府がひそかに講和を望んでいたころ、前年の十一月十五日、バルト海のリパウ軍港を出発していたロシアのバルチック艦隊は、遠く喜望峰を回り、七ヵ月の航海ののち五月下旬、日本近海に達していた。

これを迎え撃つ東郷率いる連合艦隊との海戦は、まさに日本の存亡をかけたものであった。ロシア艦隊の来航がかくも遅れたのには、一つには日英同盟に基づくイギリス海軍の協力があげられる。イギリスは国際法で許されるぎりぎりの線までのことをして、この航行を妨害してくれた。おかげで日本のすべての軍艦は整備を済ませ、充分な訓練が出来た。対するロシア艦隊は、七ヵ月という不自由な洋上生活で士気は低下している。もちろん訓練など出来るはずがない。また艦底には蠣殻などが付いて、速度が三ノットは落ちていたという。

両軍の戦力を比較すると、隻数、その質など考慮すると大略同等。しかし士気、訓練度をいれると日本が優勢である。ただ、日本海軍としては、ロシア艦隊が軽傷でウラジオ軍港に入られたのでは成功とは言えないという特殊条件がついていた。

日本海海戦完勝――講和へ

日本の連合艦隊は朝鮮半島南部にある鎮海湾に集結していた。そこへ五月二十七日午前三時半、哨戒艦信濃丸より「敵艦隊見ゆ、対馬海峡へ向かうごとし」という電信を受けた。連合艦隊としてはロシア艦隊の出現が余りにも遅いので、津軽海峡に向かったのではないかと迷っていた矢先であった。

万全の準備を整えていた連合艦隊は直ちに出撃、対馬の東方でロシア艦隊が東進するのを発見、大胆な丁字戦法で迎撃した。その結果は、ロシア側のウラジオ港へ着いたもの駆逐艦二隻、日本側の損失は水雷艇三隻のみ、世界海戦史上例のない日本の大勝利であった。

これでロシア政府も、アメリカのルーズベルト大統領が仲介する講和の席に着くことになった。日本からは小村外相が全権大使として渡米した。

七月二十九日には、桂首相と米陸軍長官が会談し「桂・タフト覚書」に調印した。

その内容は「米国のフィリピン領有と韓国に対する日本の宗主権（韓国の独立と安全を保障するとともに外交を規制）を認め合い、東アジアの平和は日英米の三国の相互理解で達成する」というものであった。また八月には第二回の改訂日英同盟を締結している。

なお、講和の席に着いたとはいえ、同意が成立したわけではない。ロシア陸軍の極東への増派は続き、このころ五十万人に達していた。また日本側も七月七日、一個師団が樺太に上陸、数日にして全島を占領した。これについては、ルーズベルト大統領の好意的なアドバイスがあったといわれている。

日本、ロシア間の講和については双方、それぞれ強気の条件を提示するが、紆余曲折の後、日本が大幅な譲歩をして八月末合意に達した。

内容は――、

一、日本はロシアの持つ南満州鉄道（ハルビン―旅順）の譲渡を受ける。

二、日本はロシアの持つ大連・旅順の租借権の譲渡を受ける。

三、日本、ロシアとも満州の清国への返還を行ない、門戸を開放する。

四、韓国に対する日本の宗主権は承認する。

五、樺太の南半分を日本に割譲する。

で、九月五日調印された。

これで済んだ。

しかし、ポーツマスから帰る途中、横浜に着いたときのことを考えると、小村の心は暗かった。

第五章　講和後

講和条約反対の暴動

児玉源太郎は、ロシアとの決戦は避けられぬ、また先延ばしも出来ぬと結論し、開戦を推進したが、「戦争を始めるものは、戦争を終わらせることを考えておかねばならぬ」という持論通り絶妙のタイミングで、一応勝利のうちに終わらせることが出来た。

一九〇五年（明治三十八年）九月、日露の講和が成立したが、そのとき欧米、特にアメリカのメディアは一斉にこの講和を祝福するとともに、日本が示した条件を寛容なものと称えた。

たとえば、ワシントンスター紙の一文を引くと、

「日本人は……人道のため賠償金の権利を放棄した。この立派な善意は、日本が勇敢なだけでなく、寛容な国民であることを示した」等々。

しかし、日本国内では多くの学者、ジャーナリスト、政治家が、講和の条文に領土割譲が少なく、賠償金がないと判ると、政府攻撃を開始した。九月五日、講和問題同志連合会のポーツマス講和条約反対集会が日比谷公園で開かれた。

政府はこの反対集会の開催を禁止していた。しかし、会場周辺には数万の民衆が集まり始めていた。あらかじめ、このような事態を想定し準備をしていたならばまた違ったかもしれないが、群集は、警官隊の制止を聞かず、公園になだれ込み、反対集会は強行された。

この大会の座長を務めたのは、河野広中であった。二年前、ロシアとの開戦に際し、児玉源太郎が議会の協力を受けるため「開戦を一日も早く決定しなければ、ロシア軍の兵力は日一日と増強され、日本軍は歯が立たなくなる」と腹を割って説明し、この申し入れに応えてくれた当時の衆議院議長その人である。

河野は生涯にわたって政府の批判を続けた硬骨漢であったが、児玉の誠意に打たれて、自分の進退を懸けるほどの大芝居を打ち、衆議院解散のきっかけを作った人物である。おかげで、議会解散中に桂首相は何の支障もなく宣戦布告をすることが出来た。

しかし、今回は、彼のもとには何の相談も情報も入らなかった。桂首相は、今度の講和が国民の認識からは遥かに離れた悪い条件で妥結しなければならないことに苦慮していた。桂はこの辺で首相を辞任することを考え、後事を児玉源太郎に託すことを打診していた。それには、桂首相が講和条件に賠償金の要求は絶対欠かせないと主張していたのに対し、戦地でこの話を聞いた児玉が、

「その要求は無理だ。そんなことで交渉が決裂、戦闘再開となったら日本は負けるぞ」と脅かし、その条件を取り下げさせたという経緯がある。

桂首相にしてみれば賠償金のない講和では、国民は納得しないはずであり、従って講和後の国内問題には「児玉、お前が当たる責任があるぞ」と思ってのことである。

桂首相は児玉に断わられた後、最大政党で政友会の大黒柱、原敬に協力を求めた。原敬は、桂が総理の座を速やかに辞し、後を政友会総裁の西園寺公望に譲ることを条件に協力を約束した。桂は、この原敬以外には誰にも協力を要請したり、このような悪い条件でも講和せざるを得ぬ実態を話したりした形跡はない。

このような状況の中で反対集会は強行された。

この開催で、群集の公園強行進入で起こった警察官とのもみ合いは、民衆の怒りに火をつけ、大会の主催者とは別に、暴徒と化した群集は、二百ヵ所以上に及ぶ警察署・交番、さらには、内相官邸、政府御用の「国民新聞」を襲った。さらに夕刻になると講和を仲介してく

れた、アメリカ公使館や十三ヵ所の教会に押しかけ、ボヤ騒ぎを起こしたりした。

政府は、この暴動をどのように認識していたか判らないが、翌六日、閣内で激論の末、緊急勅令をもって戒厳令を発動、軍の治安出動までして鎮静化につとめた。

戒厳令の解除は十一月二十九日で、その間の死者は十七名、負傷者は二千人にちかく、このような暴動は地方都市にも波及した。

庶民の不満爆発

なぜこのような騒ぎとなったのか。

三国干渉の屈辱以来、ロシアの侵略から国を守るために進めてきた無理な強兵政策が、国民に強いてきた我慢は、すでに極限に達していた。そのうえ戦争では戦死者八万人、傷病者(脚気患者を含む)三十五万人と想像を絶する犠牲者を出した。しかも、その大部分が、国を底辺で支えていた貧しい層の人々であった。

ここで少し、当時の日本の農村の惨状に触れてみたい。

明治に入ると、医学の進歩、特に天然痘に対する予防の普及で、日本人の死亡率は減少したが、反面、それで食べていけない貧民が出る。当時の記録によると、食べていけない農民は出稼ぎ移民となり、一八八〇年代後半に入ると、アメリカ西海岸を始め、各地に広がり、各種の摩擦を生じた。

また、南方では日本人経営の遊郭が増え「カラユキさん」が目立ち始めた。

彼女たちはシベリア奥地やアフリカ東海岸まで拡がり、日露戦争では貴重な情報源となったほか、その家族への送金は国の経済的利益として、おおっぴらに論議され、福沢諭吉さえも「娼婦の海外での出稼ぎは、日本の経世上必要」と時事新報で述べている。彼女たちから送られてくる外貨は日本経済にとって貴重であった。

当時、明治新政府の主な税収は、農地に課した地租であった。これは幕藩体制中、その統治組織の経費を農民より取り立てる年貢米に頼っていたが、その流れを汲むものである。

財政基盤の弱い新政府は、清国との対決から始まる軍備拡張のため、農業振興への投資が出来ないのにも拘わらず、この地租の取り立ては厳しくなる一方で、農村は疲弊し、「カラユキさん」の多くもその犠牲者であった。

特に東北三県については、一八九四年（明治二十七年）、一八九七年（三十年）、一九〇二年（三十五年）、一九〇四年（三十七年）と立て続けに冷害による凶作に襲われ、そのたびに餓死から逃れるため、娘は女郎屋に売られ、男は鉱毒により廃人となる危険な仕事である鉱夫になって生き延びるしかなかった。

このような惨状をみると、日本の曙・日露戦争勝利の成果に大きな期待がかかるのも致し方ない。

さらに当時の徴兵制では、兵士を赤紙一枚で召集することが出来たが、公務につく者やある種の金を拠出した者は免れるという抜け道があり、その分貧しい人々に犠牲がしわ寄せされていた。

日本のそのような社会情勢の中、開戦以来、勝った勝ったということで進んできたが、講和の段階になって、条件に賠償金もない、領土も取るに足りぬ、これでは反対すべきであると、政治家や学者・ジャーナリストが煽動的に伝えると、庶民の不満が一挙に爆発したのである。

親日から反日に転じた欧米の報道

こうした事態は国の指導層も予想していたことであるから、充分な対策を考えておかねばならなかった。

この被害がアメリカ公使館やキリスト教会に及んだことは、日本の将来にとって不幸であった。それまで親日的で、日本人は勇敢なだけでなく、人道的で寛容な国民と讃美していた新聞まで、日本人は礼儀をわきまえぬ野蛮人と報じだした。

特にドイツやロシアの手が回っているメディアは、煽動的で誇張も大きく、日露戦争は異教徒がキリスト教に、黄色人種が白人に挑戦して起こしたものと宗教や人種問題をからませて非難し始めた。

これには日米間を引き離そうとするドイツの意図があったことはもちろんのことである。しかも、アメリカの大多数の家庭では、毎週日曜日に教会に通い、静かに牧師の説教に耳を傾ける習慣が定着している。新聞報道のほか、牧師からもこんな日本人の行為の話を聞くと、いままでの認識に変化が出てくる。

日比谷騒動の報告を受けたセオドア・ルーズベルト大統領は、かねてより斎藤修一郎著の忠臣蔵『忠義浪人』や新渡戸稲造が書いた『武士道』を読んでいた親日家であったが、「私は日本人が勤勉で信義に篤い国民と信じていた。こんなことが起きるとは信じられない」と嘆いたという。

この事態が未然に防げなかったのはなぜなのか。

講和の条件にこれ以上の要求を含めることは、会議を決裂させる危険があった。ロシア軍には、シベリア鉄道を通じてぞくぞくと兵力を増強する余力があったが、日本陸軍には、国の総力をどのように絞っても、これ以上大きな戦闘を続ける余力がなかった。

そのような状態で講和に失敗したらどうなるのか。この講和を、日本から申し込んだ真相を国民に知らせるとなると、日本の決定的な弱みをロシアに開陳することになる。到底できないことは理解できる。

しかし、八月末から、日本国内での世論は沸きはじめていた。政府がもっと英知を傾けて対応を考えていたら、次のような策が当然浮かんできたはずである。

今回の講和に対する勅語を天皇にお願いすることである。

「戦争は、多くの人命・財産を失うもので、朕のもっとも好まざることである。今、幸いにロシアと講和を結ぶことが出来た。慶賀の至りである。日本は今後、万国と協和し、民生の向上と産業の振興に努め、世界平和に貢献することを国の方針とする」

このようなお言葉があれば、日本の弱点に触れることなく民心を鎮めることが出来たはずであるし、民衆は、これから陛下の政府は我々の生活を豊かにするよう方針を変えてくれると、将来に希望を見出す。その上、政治家・軍人たちに政治の方向を示し、諸外国に好ましい印象も与えたはずである。

事実、明治天皇は今回の開戦に当たっては、最後まで外交交渉で解決出来ないか、という指示をされた。一九〇四年（明治三十七年）の歌会始めの御製は、

「よもの海　みなはらからと思ふ世に　など波風のたちさわぐらむ」であった。

明治天皇は平和主義者であった。また、こんな場合、勅語を奏請することは珍しいことではなかった。

桂首相は、特別頭脳明晰で、死後、彼の脳はナポレオンの脳に匹敵するほどに大きかったという挿話があったほどである。事実、陸軍の制度や国の方針について秀でた提案をしてきている。当然、先に述べたことには気付いていたはずである。しかし、実行力となると怪し

くなる。サーベルを着けた幇間《ほうかん》という悪いニックネームもあった。

今まで、大きな決断になると必ず児玉源太郎が側にいて決断・実行を後押ししていた。しかし、今回は違った。児玉は、満州の戦後対策に思いを馳せ、遠く満州の広野を東奔西走していたのである。

起きてしまったことは致し方ないとして、アメリカ国民やキリスト教会に対して暴挙を詫び、関係を修復する努力が不可欠ではなかったかと思うが、そのような処置を取った形跡は見当たらない。

原敬の日記を調べてみる。こんな条件で政府はロシアと講和の話をつけたが、日本の苦しい実態を知らない議会が果たして承認してくれるかと桂首相は心配し、最大政党政友会の大幹部原敬に日本の継戦能力のない実態を説明し協力を求め、原も協力するつもりでいたことは既にのべた。また原敬は、生涯、対米関係を重視すべしと唱えていたので、今回の日比谷事件を人一倍心配していたはずと考えたからである。

日記によると、九月五日の朝、出身地の盛岡に到着している。六日には日比谷騒動の報告を受けている。その後、山形や秋田を視察、十五日帰京、十七日に至ってこの騒動についての政府の処置について記述している。それは、事件の責任者、芳川内相・安達警視総監が、依願免職（理由は病気）としている。これでは軽い、懲戒免職が妥当ではないかと批判し記しているのみである。

政府の両人への処分は、当時の事例として、戒厳令に発展したことに対するものであり、アメリカ公使館やキリスト教会に被害を及ぼしたことへのお詫びとは関係ないように思える。どうも政府は、この騒ぎを「たかがボヤ騒ぎではないか」程度に軽く考えていたようだ。幕末のころの荒っぽい気風が抜けていなかったということか。

この事件から数ヵ月もたたぬうちに、アメリカ国内に反日・排日の動きが出始めている。こうなれば日本の外交官は日比谷焼き打ち事件が日米間の深刻な問題を起こす引き金であったことに気付き、その汚名回復と関係修復に全力を尽くす必要があった。同時にこの問題の裏には、ドイツの謀略があることに気付いて、日本のこの後の外交政策に生かさねばならなかったのである。

満州経営推進委員会委員長に

この騒ぎのあった年の暮れ、大山満州軍総司令官を始め児玉ら軍幹部が凱旋してきた。国民は歓喜で迎えている。講和条件が不満足なものであることは、政府、特に外交をつかさどるものがだらしないからだ、と思っていたのである。

一九〇六年（明治三十九年）一月、政府は満州経営推進のため満州経営推進委員会を設置し、暮れに凱旋したばかりの児玉源太郎を委員長に任命した。この委員会について、委員の一人であった大蔵次官・若槻礼次郎の回顧録から引用する。

「大将は一人軍事上のことばかりでなく、経済上その他、戦争で荒廃した満州をどう立ち上がらせるかというような、将来の政策などについてもよほど考えておられたのである。だから、委員長も名目だけの委員長ではなく、実力識見兼ね備わった委員長を戴いて、日本が新たに獲得した利権を中心にして、いかにして満州を経営していくかというのが、委員会の目的であった。

それで各省からあれもこれもと注文を出して、とやかく言い出したのでは、うまく行かんというので、委員の数も少なくし、児玉大将が一番よく満州の事情を知っているので、意見が大将から出てくる。それが良いとなると、どういう風にやっていくかを相談し合う。

鉄道や運輸のことは逓信省の委員、財政や経済のことは大蔵省の委員というように、それぞれの者が研究することはもちろんだが、中心になるのは児玉委員長の意見であった」

そして満州について、まず第一に、満州はいろいろの者が手を出すといかん。一つに纏めてずっとそれにやらせる。充分秩序がついたら、その後は徐々に専門に分けて営業するのも良いが、初めはどうしても統一しなければいかんということにみな賛成した。

それで満州の鉄道というものを土台にして、一つの会社を作ろう、その会社が満州の経済利権のことはすべてやっていく仕組みにする、これが満州経営委員会の決議であった。そしてこの委員会報告書は三月、西園寺首相に提出された。

児玉源太郎は一九〇六年（明治三十九年）四月十一日、台湾総督の職を解かれ、大山巖の後を継いで参謀総長に親補され、子爵となった。

この参謀総長時代、陸軍の大勢である軍拡案に対しては反対で、「わしにはこれが国力にふさわしいとは思えず、どうしても納得できん」と、何度も却下している。

満州撤兵と門戸開放問題

日本はロシアとの開戦にあたり、勝利のあかつきには門戸開放、機会均等を公約して、英米から多大の応援を受けてきた。

しかし、戦勝後の実態は、治安のため残留する軍人たちは、英米から受けた支援のことや政府の公約は念頭になく、勝者の既得権と錯覚し、英米人の商行為を妨害したり拒絶していた。当然、英米より日本の外務省に烈しい抗議が寄せられた。

外務省は陸軍に改善を求めるが、一向にラチがあかない。そこで時の外務大臣加藤高明は、伊藤侯に助力を要請し、大磯の伊藤別邸で満州開放問題について、陸軍の実力者児玉源太郎を説得しようとした。しかし、児玉は、残留軍人の立場を弁護し、

「ロシア軍はまだ北満に多くの兵力を残している。その兵力が再び態度を変え南侵してくる危険は残っている。その対策が出来ていない現状ですぐに軍を引き揚げることは出来ない」

という自説を主張し、話し合いはつかなかった。加藤外相は辞任、西園寺首相が外相を兼任することになった。

西園寺首相兼外相は、満州からの撤兵問題について、実態を把握しておこうと、約一ヵ月かけて満州各地を回った。それに随行した大蔵次官・若槻礼次郎の回顧録から引用する。

「そのころ、満州における日本の兵隊は、まだ一個師団ぐらい残っていた。その師団本部は遼陽にあって、占領行政をやっていた。師団長は落合中将で私と同郷だから良く知っている。

これが満州の一番の頭で、奉天の司令官はその下の旅団長だった。それから、後に民政署といったと思うが、軍政署というものが諸方にあって、軍人が知事のような仕事をしておった。営口などでは軍政署が税関の収入などを取っていた。

一体、営口はあっち（清国）のもので、日本のものじゃないから、その税関の収入が日本に帰するということはない。しかし、日本が押さえていて先方に渡さない。それはなぜかというと、その金で営口の港湾設備を改良しているのだ。戦時中に船を遼河に入れ、盛んに営口から軍需品を陸揚げしたが、河港の設備が悪くて非常に不便だった。

軍人たちの頭には、戦争はひとまず終わったが、他日再び起こるという気持があったから、この際、営口の港湾設備を十分にして、いざの時、ここから物資を陸揚げするのに便利なように、船を横着けできる岸壁の工事を始めたのだ。

私たちが行ったときは、この繋船岸壁が大分出来ていたが、その費用は営口の関税収入を軍政署長が握っていて、それから支払う。だから関税収入を返すときに、港の修築費用はこれだけ、その余剰金はこれだけといって精算して渡す。

だから、日本が向こうの関税収入をとりあげたということではないが、それを勝手に使うことは出来ない道理だ。が、そんなことはいわゆる軍人政治で、軍政署がどんどんやっていた。

その他、何々は、軍政署の許可を受けなければならん等ということが、沢山あったらしく、つまり満州にいる兵隊は一個師団だったが、それを背景にして、軍政が布かれていた」

また西園寺侯が首相という要職にありながら、一ヵ月も席を空けて満州に出かけたことについて、「これはどこの国の戦争でも大抵そうだろうが、戦勝後には必ず軍人が巾を利かし、権利とか利益を拡張したがって、撤兵を少しでも長引かせようとする。しかし、そう撤兵を長引かせては、日本の信用にかかわり、国際的に不利になる。満州からは早く兵を引き揚げさせねばならぬが、自分の眼で確かめておきたい、との意図があったようだ」と若槻は述べている。

韓国、清国との峻烈な交渉

その間にも、マクドナルド駐日英国大使は、京城の伊藤統監にあて、厳しい書翰を送っている。

少し長くなるが、当時の伊藤の立場を説明しなければならない。

日韓の問題は、日清戦争で韓国が日本の勢力圏にあることを清国に認めさせたが、韓国が独立国であることに変わりはなかった。

日本が朝鮮民衆や李王朝への対応に失敗し、反日気運が高まる中、日本はクーデターを起こして王妃閔氏を殺害、親日政権を樹立しようとしたが、国王はロシア公使館に逃げ込み、政権は親ロシア派に移る。清国に代わってロシアが着々と侵略の足場を築くことが出来るようになり、それが日露開戦の動機となったのである。

日露の講和では、日本が韓国を保護国化することを認めたが、まだ日韓間の問題がのこっている。

一九〇五年（明治三十八年）十月、日本政府は閣議で、韓国の保護国化を直ちに実行することを決定した。もちろんその決定に関しては、英米からはいろいろの取り引きの上、同意を得ているし、他の列強も日清戦争以来の経緯や、日露講和の条件に照らし、致し方なしと黙認する。そうした周到な国際関係への調整を進めたうえでのことである。

十一月に入ると、枢密院議長伊藤博文は、韓国皇室を慰問のためという名目で、特派大使として韓国漢城に到着、韓国皇帝に謁見をとげ、その場で皇帝との直談判を求める。韓国皇帝の方は、体調不良を理由に避けようとするが、何とか十五日に実現した。

伊藤大使は、韓国がその外交権を日本に一任することを要求。韓国皇帝は内容はやむをえないが、形式上の外交権だけは留保したいと哀訴。しかし伊藤は、

「外交に形式と内容との区別はない。陛下がご不満なことは判るが、しかし、陛下にお尋ねしますが、韓国はどういう経過を経て今日まで生存できたか、また韓国の独立は誰のおかげか。陛下はそれをご承知の上で、なおかつご不満と言われるのか」

さらに伊藤大使は続ける。

「この外交権委譲をご承知されるか、あるいは、拒まれるかはご勝手であるが、もし拒まれるようなら日本政府の腹はきまっていますよ。その結果はどうなるか。けだし貴国の地位は、この条件を承諾する以上に不利な結果になることを覚悟しなければなりませんよ」

すると韓国皇帝は、この案を大臣に諮問し、一般国民の意向を確かめて決定したいと逃げようとするが、伊藤大使は放さなかった。

「貴国は民主政治ではない。すべてのことは陛下のご親裁による君主専制国家ではありませんか。それにもかかわらず人民の意向云々と言われるのは、きっと人民を煽動し、日本の提案に反抗させようとのお考えととれます」

伊藤はそんな極めて強硬な姿勢を貫き、十八日の深夜までかかってやっと承知させ、調印させた。

そこで成立した第二回日韓協約書とは、五ヵ条からなっているが、要するに日本政府は韓

国に統監を置き、その統監が韓国の外交に関することはすべて行なう、というもので、その初代統監が伊藤であった。

従って伊藤にとっては、十年前、清国李鴻章との烈しい交渉の末、日本の勢力圏に納め得たと思っていた韓国を、その後の日本の不手際と力不足で離反させ、ロシア側に寝返らせてしまった。

それが日本の危険の種となり日露戦争を経て、これでやっと取り戻せた。それだけに諸列強に口実を与えて、再び昔の失敗を繰り返してはならないとの思いが強かったのであろう。

他方、清国との関係も述べておかねばならない。

日本はロシアとの講和条件で、ロシアが満州に持っていた利権を譲り受けることになっていたが、この利権は清国の領土内のことであるから、当然、清国の承認を必要とする。この交渉に小村外相が当たった。

このころ、小村はポーツマスでの交渉で精根を使い果たし、健康を害し医師から安静を求められていたが、帰国途上の列車や船中、これを克服し、横浜では群衆の怒号をかいくぐって帰宅せねばならなかった。

そのような健康状態であったが、桂首相がアメリカの鉄道王ハリマンと交わした南満州鉄道の共同経営の仮契約を廃棄させている。

また、その足で特派全権大使として、北京に赴いた。そこでの交渉は峻烈を極め、ロシアの持っていたすべての利権を根こそぎ持ち去るというものであった。そこで親日家袁世凱《えんせいがい》をして、「ロシアは清国から葉巻二本を奪い去ったが、日本は箱ごと持っていった」と舌を巻かせたという。

英米国大公使からの抗議

一九〇六年（明治三十九年）に入って、英米両国の大公使から西園寺首相兼外相に抗議の書翰がよせられた。

西園寺侯爵閣下に申し上げます。

先月十三日付で、芝罘および大連・大東溝間の海運及び通商に対する開放の件で通知しておきましたが、さらに北清において、日本の占領が続いているため、一切の営業が日本官憲の管理下におかれ、その態度にその地方の英国商会が心配しております。もう一度貴政府が関係先に注意を出すよう伝えてくれと、外務大臣から訓令をうけております。

また、昨年十二月、ロンドン支那教会からの抗議ですが、日本官吏が英国商人の仕事を邪魔し困っております。例えば、英国汽船が、大東溝で従来からの繭の輸出貿易を始めようとしたが拒否され、また、商取引上必要な通信や鉄道輸送を受けつけてくれません。また、英国船舶による大東溝の輸出入を拒否され、英国の砂糖貿易や絹糸業が大損害を受けております。また、日本人が税関の仕事をしていることも不安です。

そのほか、英米煙草会社が牛荘以北に立ち入ることを拒否され、また奉天市街に公告をだしたところ撤去されました。このように外国人の商行為を妨害しておきながら、日本生産品博覧会を開催する準備をすすめております。これでは、軍事占領の必要により通商上の制限を続けているとは言えません。

どうか、閣下、この抗議を受け、遼東半島や満州の官憲に至急訓令され、英国政府の苦情の趣旨を伝えてください。また、日本政府はかねて、清国領土を占領した機会に門戸開放を声明されましたが、その実績を示してください。

英国と日本は同盟国です。こんなトラブルをなくすることが、互いの得策と考えます。

敬具

一九〇六年（明治三十九年）三月十九日付け英マクドナルド大使からのものを引用した。

英国外務省としては、相手が同盟国であるとはいえ、自国民からしかるべき訴えがある以上、相手に改善を求める責任がある。

そこで出された抗議文であるから、相当の配慮が見受けられる。

右書翰の一週間後、米国代理公使からも似たような内容であるが、さらに厳しい語調の注意喚起の書翰があった。

また、北京での日清会談では、日本軍が南満州に進撃するにつれ、一部の軍人は横暴な態度で清国人に臨み、戦争終了後も清国の地方行政に関与し、清国公私財産を毀損することがあるむねの声明書が出された。

以上のことは、若槻礼次郎が西園寺首相の随員として満州を旅行した時の談話を裏付けるものであるが、韓国統監である伊藤にとっては、戦勝国の軍人がよく犯すことと、簡単に受け止めることは出来なかった。

伊藤対児玉、満州問題協議会の紛糾

伊藤博文は一九〇六年（明治三十九年）五月二十二日、首相官邸で西園寺首相主催の満州問題に関する協議会を開かせた。

出席者は、伊藤博文、松方正義、井上馨、山県有朋、大山巌の五元老と西園寺総理、寺内陸相、斎藤海相、阪谷蔵相、林外相、桂太郎、山本権兵衛、それに児玉参謀総長である。他に外務省より珍田次官、山座政務局長、筆記者として古谷久綱統監秘書列席。

この会議に先立ち二月、加藤高明外相は前述のように伊藤博文の応援を得て伊藤別邸に児玉を招いて次の問題を解決すべく会議を持ったが、結果は物別れに終わっていた。

その問題の一つは、日本軍残留地で英米の商人が日本人と明らかに差別され、あたかも排除の対象であるかのように扱われていたことである。これは戦前の日本の英米への約束に反するとして抗議されていた。

第二は欧州、特にロシアから流されてきた。「日本はいずれロシアと戦う構えをとっており、それが両国軍の満州撤退の遅れの原因になっている」という誹謗である。これは、世論や民族意識を反日に向かわせ、日本を孤立させようとするものであり、世界、特に清国に誇大に伝えられていた。

これらの抗議や反発に、伊藤や加藤は日本軍の早期撤兵を促したい考えであったが、陸軍は、前者の英米との約束のことは早速改めなければならぬが、後者は明らかにロシアの謀略であると受け取っていた。

そこで一九〇五年（明治三十八年）九月、日露両国軍で交わした撤兵協定を持ち出し、それに忠実に、かつ慎重に進めるべきだと主張し、同意に至らなかった。

そういう経緯から、今回の会議は、伊藤が四百字詰原稿用紙で三十枚相当の長文の意見書を配布、その中で次のような問題を提起して始まった。

「満州における軍政に問題があるので、三月末、米政府より満州問題に関係して、厳しい内容の照会があった、また、英国でも議会でとりあげられたよしである。

また、さらに余は、英駐日大使より直接次のような警告文を受け取った。それは、『満州における軍官憲が英米の民間人商行為を妨害している。それはロシア軍の占領時代を上回るものだ。戦時中、英米は日本に多くの援助をしてきたし、また日本政府も戦後は門戸を開放すると宣言してきた。しかし、現状は英米の好意を踏みにじるもので、これでは対日関係に重大な障害がおこる。一刻も早く改善されたい』というものである。

また、清国の袁世凱からも、日本軍人の行為に多くの苦情が寄せられているという。さらに、欧州からの情報によると、日本は再びロシアと戦う準備を進めているので、それを理由にロシア軍は撤退を遅らせているという。

このようなことから、満州問題が国際的大事に至れば、日本は再び大きな責任を負うことになる。余はこのような事態を憂慮、一刻の猶予も出来ないと考え、ご参集をお願いした。

そこで、種々検討後、満州の軍政を担当する軍政署の実施綱領によると、これでは清国が怒るのはもちろん、日本領事の活動の余地もない。余の見るところ、いっそ軍政署なるものを廃止し、その地方の行政は清国に一任すべきであると思うがいかん。それを軍当局は、撤兵期限は十八ヵ月であるから明年四月までである。その間、軍事的措置をとっておこうと種々の事業を進め、さらに租税の徴収も公然と進めているという。

このような状況を余は見過ごすべきでないと考えるのである」

これに対し多くの賛同の声があがったが、寺内陸軍大臣より、

「英米より指摘された件については、出先に注意し、指導を進めているから徐々に改善される」と。

また、児玉参謀総長より、

「軍政署実施綱領は最近作られたもので、自分のもとには数日前回ってきた。確かに適当ならざる部分があるので、指摘しておいた。

撤兵に関しては、昨年九月、日露軍間で詳細にわたる撤兵協定を結んでおるので、それに従って実施していることは二月の会で説明した通りである。現在、なおロシアの大部隊が残っているので、その動向をみながら慎重に進めている。また各種事業を進めているが、それは再びロシア軍が南下し始めたときに備えたものである。出先によっては、その事業費に租税を徴収し、それを当てていることも承知しているが、政府より必要資金が回ってこない現状では致し方なく、その点、理解して欲しい」と弁明が述べられた。

なお、ここで児玉より、

「今のような話は、去る二月の会談で解決済みと考えていたから、首相が満州視察から帰られた本日は、多くの首脳が集まり、満州問題を中心に、国の大方針が審議されるものと期待してきたのであるが」

と発言するが、それは伊藤の声で消され、そして伊藤の意見書をもとに審議が進められる

ことになった。そこで逐条審議か、一括審議かと意見がわかれるなど、時間だけはどんどん進んでいく。

そのうち、山本海軍大将より、

「種々混乱が起きるのは、政府が明確な方針を出していないからではないか」と提議。

桂前首相は、

「自分は講和が成立し、日清間で北京条約が成立した段階で退いたので、方針を出すにいたっていない」と。

次に西園寺首相より、

「私は内閣を引き継いで日が浅い、しかし、満州問題は大切と考え満州の占領地を視察し帰ったばかりなので、まだ、成案はない。本日多数の首脳の方が集まっているので、そのご意見を参考にしてまとめたい」と発言した。

もっとも、満州の戦後の方針について、この一月の第二十二帝国議会での施政方針演説で、「新たに満州に獲得した利権の実効をおさめ韓国の保護を全うし、清国との親善を深め、戦勝の結果得た利益を維持拡大する」とある。

軍人的思考からすると、自分たちは忠実に政府の方針に従っていると思っている。従って、もっと具体的な政府の方針が示されないといけないことになる。

ここで寺内大臣より次の発言があった。

「従来、関東総督は戦時命令によって行動したのであるが、平和回復の今日、これに適合するよう改正する。すなわち従来は参謀総長の命令に従って行動したのであるが、これを改め日本政府の代表者として行動させねばならぬ。満州経営にかんしては、目下児玉総長の許で起案中であるから、この法規が制定されれば、総督府問題、鉄道問題、守備隊問題などおのずから解決するであろう。もちろんいろいろ、批判意見も出るであろうが、その都度検討修正していけば良い。とにかく、それぞれ順序を追って進めなければならない。英米から指摘されているような問題は逐次改められつつある」

また、林外相より、

「右から左に一挙に改正できるような容易な問題ではないから、軍政署も廃するということでなく残しても良い。要するに平和に移りつつある今日、平和の精神で処理を進め、条約の履行を優先実行することである」と。

このような議論から浮き彫りにされてくることは、伊藤博文は三国干渉当時の日本の力をもとに判断している。そして、日本・ロシア間が緊迫していた一九〇三年（明治三十六年）ごろ、満州はロシアに譲っても良い、韓国だけは確保したいと念願していたが、そのころの頭で、「韓国、韓国」と考えている。その上、南満州の戦後対策は日本が初めて経験する大事業である。そう簡単に進むものではない。そのことが充分理解されていないようだ。そして自論を譲ろうとしない。他の出席者も、実力ナンバーワンの伊藤に遠慮している。これでは議論が終わりそうにもない。

そこで元老井上より、「本案を満州に関する委員会に交付、審査させては如何か」と提案するが拒否、伊藤は次のような問題を持ち出した。

「余の心配していることは、アメリカの今後の出方である。アメリカは世論の国で、一度世論が動きだせば、政府も止むを得ず、世論に迎合する政策をとるようになる、そうなると恐ろしい」と。

これら児玉以後の若手と伊藤ら元老級の間に次の様な基本的認識の差が感じられる。即ち陸軍幹部は、二十年前メッケル少佐より欧州大陸国家の戦略には情報戦がつきものである。少しでも役に立つものであれば、誇張して相手国に流し、混乱させる。と教えられていた。また、そのような目でよく研究していた。これに引っかかっては大変な損をする。事実、講和の進展で小村大使らはこれで大変苦労している。

これに対し、伊藤ら元老は白人国家は全て紳士であり、ニセ情報など出すはずはないと考えていた。従って、両国の撤兵の遅延の責任は日本側にあると堅く信じていた。

このようにして、議論は延々と続き四時間近くなるころ、山県は児玉に向かって、「自分、自らが総理大臣の地位にある心得で万事処してもらいたい」と言った。

これは自らを陸軍の長老、大先輩と考えている山県が今までの経緯より、児玉に一言いってこの辺で会議は終わりにしようではないか。という意味があってのことと思われるが、この後続けて山本権兵衛が、「私も山県侯の意見に同感である。罪を出先の部下に帰せず、いやしくも不条理なるものは躊躇なく改善するよう」と続けた。

これには児玉も頭にきた。そして次のように返している。

「無責任の地位にある人は、何事も思うままに批評することができるが、いやしくも責任を有する以上、軽々しく挙動することはできぬ」と、平素の児玉とは違う激しいものいいであった。

児玉にしてみれば、開戦前、ロシアとの決戦避け難く、しかも切迫しているとき、陸・海の作戦上の協議がうまくいかぬ。噛み合わない。

その原因を考え、当時陸主海従となっていたことに不満があってのことと考え、児玉の独断で陸・海同等と改めてやった。また新鋭巡洋艦二隻の入手をロシアと争うとき、独断で陸軍の予算を海軍に回し成功した。しかも、開戦の手続きが整ったにもかかわらず、海軍はこの二隻（春日・日進）が日本領海内に達するまではと開戦を延ばさせた。

この間にロシア軍は二万人は増強していたであろう。

これは、陸軍にとって、大きな負担となるが、制海権問題があるので児玉陸軍は忍従し、これが国の大事（敗戦）につながらぬよう、ひたすら全力をつくしてきた。その山本が発言しただけに、児玉はかっときていつもの冷静さを失い、この会議を投げ出したくなったが、彼はそれに耐え、次の主張を実現しておかねばと考えた。

それは台湾での例から考えて、満州問題をすっきりした形で文官の手に移さねばならない、それが自分の責任と感じていたからである。そこで、

「南満州は種々問題を抱えているが、将来的には軍事は最も簡単である。それは明年四月になると条約に基づき、鉄道守備隊を残すだけで、あとは全部帰還させるからである。しかし、満州経営を考えると種々問題が発生するであろう。然して、これら問題が一度、内地に移れば各省に属する問題があって、取扱手続は実に煩雑極まるものになる。そうでなくても外地の経営となると、種々の難問が発生する。その上、中央官庁からばらばらの干渉が入ったのでは、効率的に政治は進められなくなる。

そこで前述のように煩雑な事務は一ヵ所にまとめて一本で指揮する官衙を新たに組織することを提起する」と。

ここで、伊藤が急に怒りを爆発させた。それは、またもや児玉が清国領内のことに、日本の経営という言葉を出したからである。伊藤は、「満州は清国の領土である。よろしく清国に返し、清国に責任を預けなければならぬ」と繰り返すのである。

しかし、どう考えても関東州や南満州鉄道などは、ロシアや清国との条約で日本が経営することになっている。それにもかかわらず伊藤は怒りだし、他の人々は傍観し説得できる状況にない。

それで児玉はこんな会議を続けても意味ないとサジを投げたところへ、拓殖務省の役割を

これから制定する南満州鉄道株式会社に後藤新平をつけて担当させようとの案が閃いて、きりかえた。しかし、これが数年後になって、児玉が心配したような種々の問題が発生するのである。

西園寺首相は、児玉の経営ということばを弁護しながらも以上の討議をまとめ、
一、関東都督を平時組織にする
二、軍政署は順次廃止する。ただし、領事のあるところはただちに廃止する
ことに決定した。
（外務省としても、伊藤の主張のように早い展開で軍政署が撤退しては困ることを承知していたので〈二〉の「ただし領事のあるところはただちに」を、「できるだけ早く廃止する」に変更している）

児玉の拓殖務省の役割を満鉄に持たせようということについては、後に制定された満鉄の定款にあらわれている。

満州からは一歩も引けない

児玉の後悔として残されたものとは、次の重要なことであった。

すなわち伊藤侯は、三国干渉を呑まざるを得なかったころの日本を基準に心配しておられる。しかし、今は国民団結の力でロシアを打ち負かした。欧米列強もこんな国を敵に回したら恐ろしいと思っているはずである。

確かに満州は清国の領土であるが、治安さえ確保できていない。まして、再びロシアが南下し始めたとき、この領土を守る力がないことは明白であり、日本が代わって守るほかはない。その方法さえ工夫すればよい。完全撤兵にはもう少し時間が必要なのだ。

もちろん、英・米から指摘された点はできるだけ早く改善するが、それより英米としては、植民地獲得競争に出遅れて、近年軍事力を背景に急な膨張政策をとっているドイツの脅威への対応が先で、ロシアの中国本土への進出は、日本の力で抑えてもらいたいとの期待から、この程度のことは見過ごし、満州のことは日本に任せておいた方が好いと考えているはずである。

それより我々がロシア軍との戦闘で苦戦した最大の原因は、砲弾や兵器の補給が不足したことにあると体験を語り、「日本は一日も早く、軍拡政策から工業、特に重工業の振興政策に重点を移し、雇用の場を増やして満州への移民のことも含め、最近急激に増えているアメリカ移民を国内と満州で吸収し、アメリカとの間の移民摩擦の解決を考える方が重要」と主張し、せっかくこれだけの首脳が集まったチャンスだから時間をかけて伊藤を含む列席の方方に理解させることが大変重要な意味を持っていたはずであった。

しかし、このとき山本の発言に刺激され、平素の冷静さを失う発言をしてしまって、後が続かなくなった。これが残念でならず、悔いとして残り、家庭生活にも現われていたようである。

事実、陸軍は山県を中心に大山や寺内も増師を、海軍は山本を中心に増艦を考えていたので、児玉単独では政策転換は難しい。この会には伊藤、西園寺、外務大臣、さらには日本の財政を心配している元老松方も出席していた。またとない機会であり、これを利用すべきであった。

前年暮れ、いろいろと抱負をもって凱旋、帰国したうえ、参謀総長となったが、満州戦後処理を担当する部署を持たない。一つ一つ自分が出て対応していたが、そこには大舅・小舅の干渉が続いて、開戦当時から気にかかっていた政治と軍事等の位置づけに手が回らない。

戦場は環境こそ厳しいものであったが、大山司令官はすべてをまかせてくれていて、自分が決定したことは直ちに全軍に届き、実行に移されていた。また自分も、祖国の存廃は自分自身の双肩にかかっているとの自覚を持って処していた。

それだけに、このような雑事の連続に、彼の焦りは大きかった。帰国後半年も経つのに重大な懸案に手がつけられない現状に、「長すぎて僕の体に秋の風」という自嘲気味の句を残している。

また、前記の英・米の大使・公使からの抗議文は、その立場上から出されたもので、それほど重要な意味はないはずである。英・米の対満貿易額は、全対支貿易額の二～三パーセントに過ぎず、しかも英国大使の指摘する砂糖については、このころ台湾産が増産と合理化によって価格競争力がついて、他を制するまでになっていた。

また、特に満州から輸出する品物に至っては、その購入するものは英米ではなく、大豆や石炭等の購入者はほとんど日本であった。

また、前記協議会で、伊藤が満州問題としてアメリカの世論を心配するとの発言があったが、当時の反日・排日世論は、ポーツマス平和条約成立のため日本が大幅な譲歩を行なったとき、英米、特にアメリカのマスコミが一斉に日本を賛美した。しかしその直後、日比谷事件が伝えられると一転して、日本人は野蛮人だ、日露戦争は黄色人種の白人への挑戦だ、さらには、異教徒のキリスト教への反撃である、などの記事に変わったことは既に述べた。

特にこの日比谷事件で暴徒がキリスト教会を襲撃し、その上、日本政府が反省とお詫びの行動をとっていないことが反発された。

キリスト教信者の家庭では、日曜日まず教会に行って、聖書の教えを読み、賛美歌を唱和し、牧師の説話に耳を傾け、心の底に潜む罪を神に告白し、また恵みのあらんことを祈る。その神聖な教会が襲われたと話が伝わると、日本人に蔑視の眼が向けられることは必至である。そしてアメリカ人のほとんどがキリスト教徒である。この根は深い。

こうして、日本人移民の多いカルフォルニア州から日系学童の隔離令へと進みつつあったし、その後、排日土地所有禁止法案へと発展した。

日露戦争が終結して数ヵ月もたたぬころ、日本軍のためアメリカの一部民間人が公正な商習慣を妨げられたとして、問題になったが、それ位でアメリカ世論が動くとは考えられない。反日世論はすべて日比谷事件に起因する。そして、その責任は桂首相や伊藤を筆頭とする元老にあることは明白である。

重大な認識不足か、責任転嫁とさえいえる。

さらに児玉源太郎にとって、日露戦争では八万人を超す尊い部下の命を犠牲にしている。この犠牲者の多くは、赤紙一枚で集めた農漁村の若者であり、働き手である。

少年期に貧困と屈辱を経験している児玉源太郎にとって、働き手を死なせた後の農家の惨状を考えると、身にこたえ、これらの犠牲によって手にすることができた勢力圏としての南満州からは一歩も引けないという決意は、崩し難いものであった。

児玉の満州入植構想

ここで児玉源太郎が抱いていた、満州から日本軍が撤退した後の構想について触れておきたい。

一八七三年（明治六年）、北辺の地・北海道を外国の侵略から守る目的で屯田兵制度が作られた。

これにはまた、明治維新で国の防衛に当たる者を、四民平等の徴兵制による軍人があたることに変更、それで失職した各藩士族に未開拓地を与えて農民として救済する意味があった。

このような事情で発足し、第一回目は一村、百九十八戸、九百六十五人であったが、二十五年後の制度廃止のころには三十七ヵ村、約四万人の人々が入植し、北海道開発にも貢献した。また日清戦争では、急に兵力の増強が必要になったため北海道に第七師団を新設したが、その中核をなしたものはこの屯田兵であった。

また日露戦争でも屯田兵の流れをくむ第七師団は、精強部隊として高い評価を受けた。

児玉・後藤らの台湾統治の間にも、農家の次・三男などで小規模ながら台湾に自発的に入るものがあった。

彼らは、日本で行なわれている営農慣行に従って、耕地には充分な肥料（人や家畜の糞尿・堆肥、さらには購入した肥料）を与えて栽培に励むから、温暖な気候であることと相まって、おおくの収穫をあげることが出来たが、これに比べ、先住民は昔から続く収奪農法を続けているから比較にならぬほど収穫量が少ない。

先住農民は、土地に肥料を投入し、灌漑に精をだして収穫量を増やしても、悪徳役人や土匪に召し上げられるだけと思ってきたので、先行的努力をする意欲がなくなっている。

しかし、児玉総督になって役人のモラルは改善し、治安が回復してくると、先住農民も日本人農民のように、もっと手間をかけてでも収穫量を増やしたいと思う者もでてきた。

この努力はすぐに効果をあげるから、自分たちと同じように汗を流し、泥にまみれて働いて、手本を示してくれる日本人に親しみと敬意をもつようになる。

こうして出来た親しみと信頼の輪は着実に拡がり、台湾の安定の基盤となった。

児玉や後藤はこのような実績を高く評価し、屯田兵制度に少し工夫を加えればロシアの侵略阻止にも役立つと判断し、満州に日本の若者の入植を考えたわけであるが、問題は対象の地が外国であることだ。その上、馬賊が横行し、また役人のモラルにも問題があろう。

清国政府に治安改善は期待できない以上、日本人入植者は正業に励むだけでなく、自分たちの手で治安を確保しなければならないが、そのためには武器の支給や、治安活動のためはらう労力に対しての財政的支援が必要になる。これらの支援をどこの官庁が担当するか。

満州が外国であることを考えると、海外邦人の生命・財産を護る責任は、外務省・領事館にある。児玉としては、自分の構想を説明し、これからの入植者へのことを外務省に依頼した。

しかし、外務省が従来手がけてきた邦人保護とは勝手が違う。規模が大きいうえ軍事的要素も入っている。児玉の要請に対して、外務省は調査中という回答を繰り返し、返事がのびのびになっていた。

児玉は外務省にその熱意なしと踏んで、新しい拓殖務省の構想を持ち出したのであるが、満州問題協議会で否決された。しかし、台湾の経験から武器を容易に使用できる軍人に任せると、問題を大きくするばかりで国際的紛争になりかねない。これは絶対に避けるべきだと考えたので、これから発足する国策会社南満州鉄道株式会社に相当の見識と実力をつけている後藤新平を社長に就け、この任務を押し付ける以外に無いと考えた。

なお、日本の海外への入植の特徴を述べておきたい。

この当時、アジアの諸国はいずれも中央集権体制であった。しかしそれは名ばかりで、役人のモラルは低く、地方に威令はおよんでいなかった。地方行政官は、その地方の力を握っている者と結託して、弱い農民たちから搾取を続けるから、地道な農業は育たず、土地は荒れる一方である。

その点、日本は特に徳川幕府の安定した二百五十年という間、征夷大将軍という実力者が江戸にいて、全国に目を向け監視しており、その統制のもと、地方には先祖代々の大名とその家臣団という、しっかりした世襲の統治機構があって、秩序と治安が確立されていた。大名を中心とする統治者は、その領地が固定されており、その領内をいかに効果的なものに開発し、育て上げるかに自分たちの繁栄がかかっていた。そうした思想の基に政治が行なわれ、治山治水に励むことはもちろん、将来のことも考えた産業の育成となる。

農民たちも当然のように、土地を肥やし、灌漑を考えて耕作するものだ、との思想が定着していた。従って余剰人口である農家の次男・三男たちが海外進出した場合も、前記、台湾で述べた例のように、土地からの収奪でなく、涵養をむねとして耕作を進めるので、年を追うごとに、収穫がふえる。このことに気付いた先住民も入植農民を見習うが、そこには信頼と敬意を伴った輪が出来ていく。

欧米先進国の殖民政策をみると、たとえ良心的なものであっても、必要な知識として指導をしたり、また若干の先行投資もするが、そこまでで、先住民の中に入って、彼らと共に汗を流し、泥にまみれて手本を示すというものでないから、なかなか理解が出来ないで実績が上がらない。ついにはノルマを課しての搾取に変わっていく。

児玉が満州で進めようとした入植政策は、ロシアの侵略に備え、入植者村が監視哨となり、また治安確保に労力を費やさねばならぬから、その分、国の助成が伴う新しい型の移民であった。

これは多分に軍事的要素を含むものであるが、軍の介入を排除し、もっぱら入植者の繁栄をもたらさねばならないから難しい仕事である。

しかし、のちに満鉄総裁となった後藤新平は、この入植事業を進めながら鉄道や炭鉱経営を軌道に乗せ、当初計画より早く、二年目にして利益をあげるようになっていた。

もっとも、前記、児玉源太郎だけが突出して頑張っていたように思われるが、その七ヵ月前、一九〇五年（明治三十八年）十月二十七日に閣議決定された満州に関する事項には、清

国と条約締結の件について、

「ロシアとの講和の結果として、満州の一部は日本の勢力範囲となり、これを維持確立するための諸条件を清国に要求する」と述べられている。

翌年一月、第二十二帝国議会の西園寺首相の施政方針には、

「新たに満州に獲得した利権の実効を収め、韓国の保護を全うし、清国との親善を深め、戦勝の結果得た利益を維持拡大する」とある。

児玉としては、一部行き過ぎは認め改めなければならぬが、基本的には、満州に残り残務整理をしている将兵は、政府の方針に従っているはずだと思っていた。

事実この十四ヵ月後、児玉源太郎没後十二ヵ月を経た一九〇七年（明治四十年）七月、ここに列席した政府首脳は、清国政府の意向と関係なく、日露協定を締結した。満州における日本とロシアの勢力圏を定めたもので、その境界線は講和条約締結時の停戦ラインに沿っている。

児玉が示した日本の進路

満州問題協議会では、実力ナンバーワンの伊藤博文が、三国干渉のころの日本の力を基にした危機感から極めて強い調子で訴え、この時期が日本にとって軍拡優先から産業振興に切

り替えるべき重要な転換期だとの認識がない他の関係者は、畏縮、黙していたのに対し、児玉だけが堂々と所信を述べた。このようなことはいずれ軍幹部に洩れる。自分たちの中心は山県有朋や桂、寺内ではなく、児玉大将だと考えるようになるのは自然の流れであろう。

今までたびたび引用した原敬日記の一九〇五年（明治三十八年）十月三十日の記事に、「山県は退隠すると伊藤に約束した。また事業家藤田傳三郎にも洩らしていた」とある。これは、次のようなことがあって覚悟したものだと思われる。

日本の存亡がかかった奉天の会戦を前に、山県はかねて後方支援だけではなく何とか前線の戦争指揮に参画したいと思っていたが、突然、自分の指揮下に入る鴨緑江軍を編成し始めた。しかし、このころは、後備の老兵しか残っていなかったので、数は揃えられても実力は伴わない。そこで、旅順陥落を終えた第三軍から一コ師団を引き抜いて鴨緑江軍につけるというのである。

兵力・火力とも遥かに優勢なロシアの大軍を前面に迎えて、日本満州軍は、大山総司令官以下猛烈に反対するが、いつまでも内輪もめしている余裕はない。幸いに鴨緑江軍の前線司令官、川村景明はさすがである。自分の責任で満州軍の指揮下に入り、奉天会戦の最右翼を担当、勝利に大きく貢献した。

しかし、山県の名誉欲から出た突然の暴挙は、満州軍幹部に直ちに知れることになる。これまでも、砲弾、さらには食料の補給が不足がちで、その都度、後方支援の責任者の山県らは何をしているのだと不満であったが、これで怒りは頂点に達した。

この五ヵ月後、山県は参謀総長として、満州の第一線を視察し、奉天で満州軍の幹部、大山・黒木・奥・乃木・野津・児玉、それに鴨緑江軍の川村も入った慰労会を催した。

軍のトップの面々である。表向きは穏やかに務めているが、山県にとってただならぬものを感じざるを得なかった。そこで山県有朋も覚悟したと思う。

したがって、伊藤は、児玉源太郎が陸軍の親分になっていることは承知しているが、同郷でしかも十歳以上年下の後輩であるその気安さから、よく成長した、頼もしいと思う反面、大国ロシアに勝利したことで日本に新時代が到来したことを標榜する児玉への牽制もあったであろう。

この時、児玉は満五十四歳、伊藤は六十四歳、しかも大久保利通亡き後の三十年近くを、日本のトップリーダーとして国を支えてきた。

このようなことを考えると、日露戦争は日本を巡る世界情勢が変わるとともに、日本のトップも世代交代すべき時機であったように思える。

また、協議会の前年、一九〇五年（明治三十八年）七月に桂・タフト覚書が結ばれた。米と比・日と韓の関係の他、今後、極東平和のことは日米英で協議し進めようというもので、まさに時宜に即したよい協議であった。

しかし、桂という男は、頭は切れ、将来観は良いのだが、決めたことを全力をあげて成し遂げるタイプではない。これは次の西園寺内閣になってのことであったが、一九〇八年（明治四十一年）に日露協定などを結んでいる。事前に英米と協議したものではない。西園寺や原敬など次のリーダーたるべき者が古い世代の力に押されてのことであった。

この辺から日本外交は迷走を始め、行き当たりばったりで国際的信用を失う行為が出始めたように感じる。

ここで国家、国民にとって好ましい指導者として、伊藤と児玉を比較して考えてみたい。指導者といえども国民が拠出する税金で支えられている国家機構の頂点に立つ者である以上、その目指すところは、国家、国民の恒久的利益を優先しなければならない。

そして、国家の独立が侵されると国民の生命、財産、信条の自由が一挙に奪われるから、指導者の責任としては他の何より慎重に事を運ばねばならない。その点では両者とも慎重に検討して事を運んでいたが、特に伊藤は慎重であり、国家の重鎮として貴重な存在であった。

しかし、余りにも用心深過ぎると国家の発展に遅れをとるのみならず、かえって危険なこともある。

今回の西園寺首相主催の満州問題に関する協議会の場合、英米および清国の抗議に拘わらず児玉源太郎が主張するように最小限の手直しで進めた場合、改善されるまでの一時期、確かに日本の信用に傷がつくが、その後の外交を慎重に進めれば、大きな問題は起きなかったのではないか。

　英米にとって、対満貿易は全対支貿易の二～三パーセントと僅少で、たいして問題にしていなかったとの資料もある。英米が問題にしたのは、中国本土へ軍事力を使って勢力拡大を進めることにあった。

であるから逆に伊藤のいう欧米諸国の干渉や鼻息まで気にし過ぎて、何らの備えも出来ず撤退した場合、代わって、ロシアが進出、清国にはそれを阻止する力がないのは明白。日本が再びロシアと戦わねばならぬが、そのとき日本政府の号令に国民が一致団結、再び立ち上がってくれるか！

それが出来ぬときは、日本国の滅亡につながる。国の防衛に関しては、特に指導者層は一つ一つグローバルに判断して対応してくれなければならない。まして、日本国にとっても有害無益のうえ外国から非難された日比谷事件を放置するなどは、論外である。

さらに良きリーダーたらん者は、転機に応じダイナミックに国の方針を転換できる良識と実行力を持たなければならない。

その意味で児玉源太郎が一人、敢然と主張していたことは重要であった。そして西園寺首相がまとめ、さらに林外相が修正を加えた結論は、伊藤の顔を立てつつも実質的には児玉の主張を生かしたもので、特にその後の日本政府の施策は大筋で児玉の線に沿うものであった。

児玉源太郎は、このように日本の進路を適切に示すことの出来る指導者に育っていたのである。また児玉がかくも自信を持って日本の進路を主張できたのは、満州を巡る国際情勢について、当時ロンドンを始め欧米各国に派遣している駐在武官から充分な報告を受けており、安全保障に関する限り誰よりも精通しているという自信もあった。

従って軍政署など出先の行き過ぎた部分さえ是正すれば、さしたる国際問題にならぬとの確かな見通しもあったのである。

その当時、ドイツは、植民地獲得競争に出遅れたものの、重工業の発展に裏打ちされて軍事力の増強を図っていた。このことは、欧米列強の脅威となりつつあり、遠く離れた極東の満州問題は二の次のものとなっていたのである。

この時より二十年以上経過しているが、日本の帝国主義的行動は進みこそすれ、改善の見られない状況下、日本政府の発行する外債を一貫して引きうけていたアメリカのモルガン商会の大番頭、ル・モンドは、満州事変でも態度を変えなかった。満州はあくまで日中の問題で、欧米にとって魅力のあるものではない。むしろ開発に精を出す日本に米が経済協力することで、双方が利益を得る方が望ましいと考えていたからである。（このル・モンドの考え方は米国務省も承知していたことが、五十年後の国務省公開資料で確認されている）

ただし、日本が戦火を上海まで拡大させるに及び、前記の情勢は一変せざるを得なかったが。

また一九三二年（昭和七年）、国際連盟のリットン調査団報告書は、全般的には日本を厳しく糾弾するものであったが、一方で、中国が無法状態に放置していたため、日本が他のいずれの国より一層苦しんだことが紛争を誘発した、と指摘し、解決策として、中国主権の下で東三省（遼寧、吉林、黒竜江省）に自治政府を設け、指導のため日本人が充分なる割合を占める外国人顧問を配置し、日本を含む列強の共同管理下に置くことを提案している。

このような情勢であったから、児玉や後藤の考えたような平和的入植政策が踏襲されておれば、中国の主権は認めたものであるから、国際問題に進展することは避けられたのではないだろうか。

児玉源太郎は、一九〇六年（明治三十九年）四月十一日、参謀総長に就任した。そのころ出てきた陸軍の大軍備拡張案を、「国力から考えて妥当なものとは納得できない」と却下し続けたことは先に述べたとおりである

同年七月二十二日の午後、後藤新平が来宅、そこで、児玉源太郎から後藤新平に満鉄総裁の就任を要請するが、なぜか新平は固辞する。

その前年九月、後藤新平は満州を旅して児玉と満州の経営、特に満鉄の経営について相談し、国策会社南満州鉄道株式会社の構想が作られていたはずで、奇異に思われるが、恐らく児玉が五月二十二日、首相官邸での協議会で、妥協せざるを得なかった部分、すなわちロシアの動きに備えた軍事的役割が満鉄の業務に加えられていたからと思われる。

そして、その翌早朝、源太郎は脳溢血で死去した。新平は責任を感じていたので、後任の寺内満州経営委員長より総裁就任の要請があったときには、すぐに応じた。

そして満鉄の経営方針には、児玉源太郎から要請のあった事柄が大幅に盛られた。すなわち、満鉄の本来の業務は鉄道を中心に、併せて炭坑の経営であるが、それと関係ない農事試験場や畜産試験場、そして調査部までが定款に盛られた。

満鉄の隠れた業務の一つとして、屯田兵を見本としたような植民政策を進め、着実に勢力を定着させることがあった。前記の試験場や調査部はこれを支援するためのものであったと思われる。

大正末期の満鉄総裁山崎元幹は、児玉源太郎、後藤新平の移民政策は失敗であったと指摘している。理由は、当初はともかく、中国人の民族主義のたかまりとともに土地の取得が難しくなったこと。また原住民の労賃が余りにも安く、そのうえ日本の努力で治安がよくなると、中国本土から難を逃れるがごとく安い労働力が入って、いつまでも日本人が農業で入植できるような環境にはならなかった、等々である。

このことは、北海道の屯田兵を手本とした農業植民があったことをしめすものであるが、確かに経済原則から見ての政策としては失敗であったろう。しかし、日本の移民問題を考えるとき、農業移民だけでなく、商工業への就労は、それ以上に価値あるものであった。内閣統計局による満州移民の総数は昭和十年で五十三万人であった。これが移民問題だけでなく、日本の北辺の守りを果たしていたことを考えると、児玉らの努力は高く評価してよいのではないか。

後藤新平が満鉄総裁当時、しばしば用いた文装的武備という言葉がある。文化、教育、衛生でカバーした武備をもって、児玉源太郎の目指す目的、「日露戦争で得た既得権はしっかり守って欲しい。それが日本の安全と発展に不可欠であるからだ」を果たそうとする志が秘められている感じがする。

名誉や権勢のためでなく

児玉源太郎が日露戦争終結の頃、次代の日本のリーダーとしてどんな評価を受けていたかを、原敬日記に読むことができる。

桂首相は国民が強く不満とする条件でロシアと講和を結ばざるを得ぬことに苦慮し、児玉源太郎に後継を打診した。しかし、児玉は軍人としてやり残していることをたくさん抱えているとの理由で断わった。

そこで改めて、政友会の原敬に協力を要請し、原は西園寺に譲ることを条件に協力を了承したことは既に述べた。この時点では、原は桂・児玉のやりとりは知らない。児玉が総理大臣への野心を持って動き出せば、手強い相手となる。

そこで、原は、後藤新平と藤田傳三郎を通じ、児玉の心中を打診してもらった。もちろん、児玉の答えは変わらない、原は安心した。この件で西園寺にはもちろん、伊藤にも報告している。その際に伊藤より「この難事に進歩党とも連携して対応した方が良いのではないか」と、忠告されている。

原は、政友会として、進歩党とではなく軍首脳と結ぶ方が得策であると考え、返事をしている。伊藤もそれも良かろうと返答した件がある。軍首脳とは、国民の声望絶大な児玉大将を指しているのは明白であった。これほどに児玉の声望が高くなっていたが、児玉は自分の名誉や権勢への欲がなく、ただひたすらに国家のためを考えている。ほかに例のない人物である。

ここで一つ気がつくことがある。

児玉源太郎は今まで、自分からポストを選んだ形跡がない。軍制整備の役職から台湾総督、内務大臣、さらに参謀本部次長と周りから押し上げられて就任している。そして、成功させている。しかし、このときは総理の誘いを辞退して、自ら参謀総長のポストを選んでいる。これは児玉が、政と軍、陸と海、軍の整理は自分でなければ出来ないという責任感と思想から敢えてこのポストに就いたのであろう。

それだけに、このことに強い意欲を持っていた証でもある。

もっとも、先の戦争では若手将校の多くを失い、そのためこれ以上の継戦は難しいと考えたほどであるから、このころの軍の整理とは、将官など上級者のリストラであり、また軍の大勢が考えているような単に兵数を増やすことはやめ、兵器のことや組織、制度の改革が中心となるものであった。

第六章　児玉が遺したもの、遺せなかったもの

日露戦争後は「富国」のチャンスだった

日露戦争で日本は勝利を収め、列強の一画に参加でき、差し迫った脅威から一応解放された。

日本は立憲君主制の政治体制が確立し、さらに議会制民主主義が定着しはじめていた。国民の教育は普及し、倫理感が高く、天皇を中心とする秩序と治安は確立していた。

しかし、他の先進諸国に比べ、人口構成は農漁業の比率が高く、産業構造では軍事関連の成長率は高いが、農漁業に比べ製造業が弱い。その製造業も、民営のものは低廉で良質な労働力に支えられた生糸や綿製品の軽工業が主で、資本と技術力を要する重化学工業、特に機

械・金属工業が貧弱な、軍事力だけが突出した国であった。

従って、そんな日本が欧米列強の一画に仲間入りできたのは、強兵策、特に一八九五年（明治二十八年）、三国干渉で苦汁を飲まされた結果、官民団結して臥薪嘗胆、軍事力増強に邁進したことによる。

この間の軍事支出は、GDP比で示すと、英米の二～三パーセントに対し日本は七パーセント超と突出し、したがって日露戦争が始まる前に既に六億円の公債を抱えており、そのうえ戦争で二十億円ふえてしまい、合計では二十六億円となった。

この額は当時の日本政府の歳入の七倍になる。さらにその内、外債が八億円である。国内債は日銀券発行で一時的に取り繕えるが、外債はそうはいかない。金か基軸通貨の裏付けが必要になる。その金利だけでも五千万円を超すうえ、そのころ、日本は輸入超過が続いていた。

国際情勢を見ると、ドイツが十九世紀末より重化学工業を目覚しく発展させ、それに裏打ちされる陸、海の軍事力は飛躍的に強化され、植民地獲得の出遅れを取り戻す動きが活発で、ほか欧米列強の脅威となりつつあった。

その中で、満州で境を接するロシアは、確かに相当の兵力を残し油断は出来ないが、ただ国内に地下革命分子の活動は続いており、さらにバルカン地方では、ゲルマン民族（ドイツ、オーストリア）とスラブ民族（ロシア）の紛争が絶えず、そちらから目が離せない。ここで新たに日本と戦争を始めることは困難な情況であった。

イギリス、フランスに至っては、極東の既得権益をまもるのに精一杯である。アメリカはフィリピンを占領し植民地にしたが、安定させる方に忙しい。またパナマ運河は着工していたが、完成にはなお十年近くかかる。それまでは海軍力を大西洋、太平洋と二分しなければならぬなど、問題を抱えていた。

したがって問題はドイツであるが、しかし、その極東の海軍力は日本の敵となるほどのものではない。

こうした国内外の状況を考えると、この時期こそ、富国優先に切りかえる絶好のチャンスであったし、また後々のことを考えると、このチャンスを生かさなければならなかった。

このような重要な転機を迎えて、児玉は陸軍の最高位である参謀総長に就任したのである。

軍拡ではなく国力充実を

話は一九〇五年（明治三十八年）十月のことであるが、大本営では日露間に講和が出来たものの、いずれロシアの南下が始まると読んでいる。その備えとして将来の軍備を平時二十五個師団、戦時五十個師団とする基本計画をまとめていた。

参謀本部の大島健一大佐が満州軍の大山、そして特に児玉源太郎の同意を求めて満州に来た。

児玉は、

「今の貧窮した日本の国力から考えて過大、無理である。今幸いに欧米列強の目は極東より他に向いている。この機会に、日本は重工業を振興し経済力をつけることが重要ではないか、これからの戦争はますます物量の争いになるであろう。銃砲弾の補給もままならぬ現状で、師団の増設を考えても致し方ない」

と説いた。

また、山県参謀総長に次のような書簡を送り、「大島大佐持参の国防計画は良くできておりますが、今の日本の現状からして、この実現は当分無理とおもいます。私にこの計画を遂行する力はありません」と反対している。

このように、陸軍の大勢が主張する軍拡を抑えているが、抑えるだけでなく、今後の国の防衛はかくあるべきだとの方針も持っていた。

ここで児玉源太郎の国防方針に触れてみる。

まずは国防軍の規模内容についてである。日露戦争では兵器が不足し、さらには銃砲の弾丸の補給もままならなかった。また機関銃など最新兵器の研究にも問題があった。

そのため、いたずらに勝機を逸してむだな犠牲者を出したうえ、敗戦につながる危険な場面もあった。

そこで、今から取り掛かるべきことは、最新兵器を開発する部門の拡大と、その新兵器を補給できる兵器産業を盛んにすることである。兵器産業には加工技術と素材開発が両輪となる。さらに戦時に入り発生する莫大な軍需に応じられる民間産業の育成である。

軍の組織としては、いたずらに兵員の増強を求めるのではなく、最新兵器を駆使できる組織と熟練兵員の充実である。現在は単純に歩兵・砲兵・工兵・騎兵あるいは輜重兵と分けているが、それぞれの専門技術の向上や配備を再検討しなければならない。

その上で、何より重要なことは、国の実力、すなわち産業や経済力を早く引き上げねばならない。特に民間産業についていえば、良質の上に安い労働力に頼った軽工業から重工業に重点を移す必要がある。重工業となると当面鉄鋼生産を増やすことを筆頭に、その加工や各種素材産業と裾野は広い。このことは、人口増に対応する雇用の場を増やし、所得向上にもつながる。

児玉源太郎はただの軍人ではなかった。

国防は政府と陸海軍の協力が不可欠

次に、児玉源太郎が行動にうつしたのは、陸・海の協力体制の構築であるが、さらに重要なことは、国家の総力を結集した国防体制を作ることであった。

日本の国防は、当初は国土に侵入してくる敵から国土を守る必要に端を発しているが、やがて、日本の独立を脅かす敵を日本国外の地域に進攻して、その意図を砕くという考えに変わっていた。島国である日本の場合、陸軍と海軍が対等の立場で協力しあうことが求められる。

さらには、日本がひとかどの独立国として認められたとき、国防の問題は諸外国との外交が重要な要素となる。そして、戦争の遂行には物資や戦費の調達が不可欠である。少なくとも外務省・農商務省・大蔵省を加えたものでなければならない。

国防方針は単純に、陸軍、海軍おのおのが検討したのでは意味がない。児玉総長としては、国防問題については、政府との協議が重要であると考えていた。理由は、以下のとおりである。

戦争による犠牲者はできるだけ出したくない、紛争は平和的手段で解決されることが望ましい。それには外交が重要な要素であり、効果的な外交活動がなされるためには、国民が自国の独立を守り抜くという結束した意識と、その裏付けとしての軍備は欠かせない。

日露戦争の場合、日本側は平和的に解決したいと手を尽くしたが、ロシアは日本の力を軽く見ていて、日本の外交が通じなかった。それにひきかえ、北清事件で日本の軍隊は勇敢にして軍律正しく近代的であることを英米に評価され、その裏付けがあって世界への外交努力から、日英同盟ができ、日露戦争の勝敗の上では大きな影響をおよぼした。

児玉は、戦争遂行の上では、国の総力を結集するということがどれだけ大きな力を生むか、ということを、青年期に郷土の防衛のために第二次征長戦争に参加し、経験している。後年、日本陸軍の制度を立ち上げる上で、この時の経験が役に立った。

児玉はロシアとの開戦に当たっては、財界の協力を取り付けることに努力し、政界にも伊藤博文・西園寺首相のほか、他の政党幹部にも相談し協力を取り付けることが必要と考えた。以前に記述したとおり、衆議院議長の河野広中に情勢をすべて開陳し相談して、その結果、議会解散中に開戦をしてしまう方が良いとの指摘で協力を依頼している。

以上のことは、日露戦争で児玉源太郎が数十万人の命を預かり、国家の浮沈をかけた責任を一身に背負って駈け抜け、苦闘のなかで体得できた本人の思想であった。

そしてこれらについては、児玉が参謀本部次長に就任以来、情報担当の部下として仕えた福島安正大将が語っている。

グローバルな視野で革新的国防計画策定をめざす

児玉は参謀総長に就任後、日本は日露戦争で勝利の講和ができたことで世界的にも新しい評価を受けることができたので、この機会に革新的な日本の国防計画を立てておきたいと考え、福島安正少将を参謀本部次長に、福島安正の後釜・参謀本部第二部長のポストに松石安治大佐を任命した。松石安治大佐を抜擢したのは、国防計画の素案をまとめさせるためであった。

参謀本部次長に任命した福島安正少将は、長野県の出身で参謀本部がスタートした時、中尉に任官、その後一八八七年（明治二十年）から、ドイツ公使館付きになる。そこでロシアのシベリア鉄道建設の情報を得る。一八九二年（明治二十五年）、参謀本部に転勤を命じられた機会に、単独でシベリア大陸を横断し調査することを願い出る。許されて六千円を支給された。調査旅行は十七ヵ月をかけた綿密なもので、この旅行は、「シベリア単騎横断」として内外のマスコミを賑わした。

一八九六年（明治二十九年）からは中東地区に注目し、調査にのりだしたが、一九〇〇年（明治三十三年）になると、イギリスは大量の原油埋蔵が確認されたペルシャの採掘権確保に動き出していた。そこへロシアの南下政策である。また、他の列強も目をつけだしていたが、特に膨張政策をとっているドイツは、内燃機関に続き十年前にはディーゼルエンジンを発明、これらに不可欠な石油が中東地区に大量に埋蔵されているらしいと感知し、かねて友好関係にあるトルコに積極的に働きかけ、ペルシャ湾に近いバクダッドへの鉄道敷設権を獲得した。

このような情勢のもと、西インド洋地域を自分の勢力圏と考えているイギリスにとっては、中東を勢力下におくことが最重要関心事になっていると報告している。

これが、外務省が日英同盟を推進できるとするひとつの拠り所になったのである。

福島安正は第一線の司令官としての経験はなかったが、義和団事件において、一個旅団を指揮して天津から北京に進駐、籠城戦に参加した。その際の日本軍の行動は勇敢にして規律厳正で、列国から賞賛された。このように福島は異色の経歴の持ち主である。彼の思考はグローバルで、軍の在り方についても柔軟に考えることができる人物であった。

一方、児玉源太郎が国防計画の素案をまとめさせようとした松石安治はどのような人物であったのか。

松石安治は福岡県の出身であるから、もちろん薩長閥に属するものではない。

彼は戦闘に臨み、敵の機先を制し、一気に全滅戦に入ることを考える独特の戦略家として名をはせた。また自ら信じる場合は、実力者や上司に対しても衆人の前で遠慮することなく厳しい批判をし、特に山県有朋に対しては、烈しかったので嫌われていたという。

しかし、彼の資質は立派で有能であったから、多くの要職をこなし、外されることはなかった。

彼は日露戦争中、第一軍参謀副長として従軍していたが、その地位にかかわらず、常に全満州軍の勝利のため第一軍はどうすべきかと考え、献策できる人物であった。従って、勝利して凱旋後は日本の安全のため国軍はどのような方向へ進むべきかと考え、軍略は政略に添うものでなければならぬと結論し、声高に主張する異色の傑物であった。

松石安治の国防計画は、政府と軍が一体となって作るもので、軍略はそれに沿うものでなければならないとした。その協議にはまとめ役の座長が重要になるが、識見、威望、さらに今回は軍の整理も問題となるはずで、児玉総長がその任を充てられ、長期の安定したお手本ができると予言していた。

児玉参謀総長は国防に関する問題は、自分の手で進めたいと思っていたが、当面の問題は満州をどう立ち上げるかであった。一九〇六年（明治三十九年）五月二十二日の首相官邸での「満州問題に関する協議会」もその一環であった。

さらに六月七日、南満州鉄道株式会社の設立が公布されたが、その設立委員長には児玉が任命された。満州問題はすべて児玉に任せるのが良いとの西園寺首相らの考えからである。

七月二十二日、後藤新平を招致。その場で満鉄問題を後藤が引きうけてくれていたら、恐らく、以前述べてきたように、政・軍の問題に向かったと思われる。

しかしながら、児玉源太郎の急逝は問題を積み残す結果となった。

児玉の後には、奥保鞏大将が就任、次長以下はそのままの組織となった。

奥は、福岡・小倉藩の出身で薩長閥外でここまで来たことからみても、大変秀でた人物であったことを示している。日露戦争でも最大規模の第二軍の司令官として、重要な南山を攻略し、得利寺、熊岳城、大石橋と勝ち抜き、奉天のロシア軍本隊と旅順とを分断することに成功している。さらに、激戦続きで疲れ切っている将兵の士気を高く保ったまま遼陽戦に参加させ、重要な役割を果たした。

日露戦争後、小倉に帰ったとき、郷里の人々は凱旋将軍として迎えたが、岩下俊作の『無法松の一生』には、万歳で迎える小学生の列に、「スマン、スマン」と瞑目、詫び続ける大将が描かれている。彼は、多くの犠牲者を出した負い目を背負って過ごし、不幸な人をだす戦争というものを何とか避けるべきである、という信念の持ち主でもあった。

陸海軍不統一のまま上奏された国防方針

児玉源太郎が亡くなると、山県有朋に、寺内正毅が大臣をしている陸軍省を足場に陸軍のボスに復帰したいという野心が芽生える。そこへ、田中義一中佐が個人としてまとめた「随感雑録」という小論文が目にとまった。そこには、彼の考える国家戦略・軍の組織・軍の規模等、軍の基本的なことが記されていた。

山県有朋からみれば、長州閥の田中は可愛い子分である。早速に田中義一を呼んで、山県個人の考えを加えた「帝国国防方針案」なるものをまとめ、天皇に上奏した。

明治天皇は山県元帥の進言をいれ、陸・海を統一した国防案の検討を参謀総長と軍令部長に命じられた。しかし、奥参謀総長は紛争はできるだけ平和的手段で解決し、犠牲者は出したくないとの信念から、政府の参加しない国防計画には気が進まないのである。松石大佐以外にも、奥のような幹部が多かった。

それでも計画案作成に当たり、当初、松石部長は持論の「軍備は国是と一致し、戦略は政略に伴う」べきとの文言を盛っていたが、背後に山県の力があったのであろう、いつの間にかそれが消えて、田中義一が中心になった。

また、軍令部側は、一貫して海軍の発言権を強くしようと考えてきた山本権兵衛の娘婿である次長財部彪が中心であるが、その背後に、日本海海戦で史上例のない大勝利をもたらし、国民的英雄となっていた東郷平八郎を軍令部長として配していた。東郷は戦場にあってこそ、当代随一の司令官であったが、平時の軍組織等になると見識がなく、ただ山本権兵衛に操られるだけであった。これでは事前に政府の意見を聞くとかはもちろんのこと、陸・海で統一したものができるはずがない。それぞれの主張を併記した内容になった。

その内容は、陸軍は仮想敵国がロシアで、韓国、満州を日本の勢力圏と考え、その権益を守る、ということであった。そのために、平時二十五個師団、戦時五十個師団を必要とする。海軍は、わが国の南方への発展を阻害する仮想敵国をアメリカと考え、新鋭戦艦八隻、装甲巡洋艦八隻を必要とするものである。

これを「日本帝国の国防方針」「国防に要する兵力」「帝国軍の用兵綱領」の三件に分け、体裁を整え、上奏した。

しかし、奥参謀総長は、無念やるかたなかったのであろう。この天皇への上奏という大事な行事に欠席し、福島安正次長が代理出席している。奥としては、軍人は政策の枠内で働くべきものと考え、軍人だけで作ったこのような国防方針などを陛下に上奏することに大いに不満であったが、これを天皇のもとにお返しするには、陸の山県と海の東郷を相手に争わねばならぬ。彼はそれだけの力と人脈を持ち合わせていなかったのである。

明治天皇はその三件を西園寺首相に下付し審議を望まれた。この下付審議に対し西園寺首相は次のように上奏している。

日本が満韓地方の利権や太平洋彼方の民力の発展をはかるのは当然であり、そのような帝国の発展に対し、わが平和政策を阻害する国がある場合は、日本の主張を貫徹するため軍備を充実して、列強の間に重きをなす実力を必要とする。しかし、列強にも拡張政策がそれぞれあって、離合集散も予想される。

国防方針を立てるためには、各国の外交政策の大勢を達観して兵備の状況を洞察、緩急塩梅を誤らないようにしなければならない。そして、外交によって同盟与国の交誼を厚くするとともに、他国の動きに注意が必要である。したがって、

「国防問題には外交が重要であり、また国防方針に盛られたことを実施するには財政の問題もある。今の窮迫した財政状況では困難であるから、しばらく時間が必要で緩急を考えて下さい」と上奏した。

重要なことは、国防方針のような国家の最重要政策は、事前に政府と軍が一体となって考

え、上奏すべきであるが、そんな形跡はないのみならず、山県が田中義一中佐の私案を参考に、さらに山県自身の考えを加えて上奏したうえで、参謀総長らに上奏を強いたので、陸と海とがそれぞれ出したものを一つにまとめたに過ぎないものになった。

児玉源太郎の亡き後の陸海軍は、発言力を、また勢力を伸ばすため、予算分捕りを競いあっていた。

それに対し伊藤公や西園寺首相は、これを抑えるよう努力すべきであるが、伊藤は韓国のため不在が多く、また西園寺は下付の内容はそれを受けた者のみに止め、話が広がらないようにしなければならぬという慣習にとらわれてか、与党の有力閣僚、議員らと相談し、積極的に共同して対抗する処置をとるべきところ、そのような形跡がない。

児玉の死後始まった軍部の独走

さらに、一九〇七年（明治四十年）八月、「軍令に関する案」が上奏され、制定された。それによれば、軍事勅令に内閣総理大臣の副署は不必要となり、枢密院への諮詢もない。公示は特に必要なものに限られたから、ほとんどの軍令内容について、内閣は知る道を閉ざされたのである。これで軍部は政府を無視して天皇に直接物申せる体制になった。

しかし、この時点では西園寺首相はこの問題でそれほど心配をしていなかった。原敬らの主要幹部に対し、先の陸軍・海軍が上奏した国防方針について、自分は首相として「国防にはこの他、外交や財政等重要なことがありますよ」と批判的な意見を出しているから軍の案に拘束されることはないと言っていた。

確かに政高軍低か政軍対等であればそのとおりであろう。しかし、一九〇九年（明治四十二年）、伊藤公が韓国の一青年、安重根の凶弾に倒れると、山県有朋の周りには急に政・官の下心のある者が集まりだし、力をつけ、山県有朋がトップの実力者として躍り出るのである。

第二次西園寺内閣（一九一二年＝明治四十五年）で早くも西園寺は痛い目に遭う。

上原勇作陸相は、二個師団増設案が閣議で否決されると、直接天皇に辞表を提出、そのうえ後任の陸相を陸軍が出さないため、西園寺内閣は総辞職せざるをえなかった。

背後に山県有朋がいる。山県は政党が力を持つことを恐れ、あらゆる手段を使って民選議会の発展を妨害していた。上原はもともとそれほどの人物ではない。薩摩閥で山県が操るに都合の良い将軍であった。

これから後、軍縮を唱える人物が組閣の大命を受けても、陸軍大臣が得られず、投げ出す事態が起きるようになった。山県有朋の政党いじめが着々と進んで来た。この状況は、山県有朋が没後も続くこととなる。

また、上原勇作は一九一五年（大正四年）から一九二一年（大正十年）までの六年間、陸軍最高位の参謀総長を務めている。当時宇垣一成など、若手で英才の誉れ高い人物もいたが、彼等を育てる器量に欠け、次代を担うリーダー不在は、後の昭和時代の陸軍で下位のものが上官を軽んじたり、出先が中央の指令を無視したりする、規律の乱れた行動に現われてくる。児玉亡き後の、このような乱れに断固とした処置の出来るリーダーの不在が日本国の転落を予言していた。

非現実的だった〝仮想敵〟

ここで、先の国防方針について追及してみる。

陸・海軍が軍拡を必要とする根拠の仮想敵国にロシア・アメリカをあげているが、明らかに正当性を欠いている。

まず、陸軍があげたロシアであるが、当時はしばらく、備えのある日本に進攻できる状況になかったことは既に述べた。

海軍はアメリカを仮想敵国にしたてているが、アメリカが極東に求めているのは、門戸開放・機会均等という通商上、正当な要求である。

これは逆に米英の植民地での、日本移民の発展の話になるが、船舶係留に欠かせないロープといえばマニラ麻である。この主産地は、アメリカ統治下にあるフィリピン・ダバオ州で、その大半は日本移民の手により生産され、日本の貿易商の手で輸出されていた。最盛期、ダバオの日本人の人口は二万人に近い。

また、石原広一郎は、一九一〇年（明治四十三年）ごろより、イギリス統治下でゴム園を経営していたが、鉄鉱石の鉱床を発見、その採掘権をとって盛んに日本へ輸出、八幡製鉄所の必要量の半分はこれでまかなった。彼はさらに事業を発展させ、アメリカ統治下のフィリピンや中国の海南島でアルミの原料、ボーキサイトを採掘し日本に輸出している。これらはいずれも重要な戦略物資であるが、日本人が現地の法律に従い平和的に事業を推進する限り、制約は無かった。

一九〇五年（明治三十八年）には、桂・タフト覚書もある。アメリカは門戸開放・機会均等という主張を日系人にも実行していたのである。

ほかの阻害要因には、アメリカ本土、特に西部での日系移民の排斥問題があった。しかし、前述したように、そもそもこれは日露の講和成立後の日比谷事件に起因している。この暴動事件は、講和を仲介してくれたアメリカの大使館を襲撃し、十三ヵ所のキリスト教会を焼き討ちにした。それまでのアメリカの親日的な世論は一転して反日・排日に変わった。

特にマスコミが取り上げた中に、中国政府の軍事顧問をしていたホマー・リーの『日米必戦論』があった。ホマー・リーは、「日本海軍には、もはや西太平洋に敵はなく、その優勢な艦隊でフィリピン・ハワイを経てメキシコやアメリカ西海岸に攻めてくる。そのとき、五十万人に及ぶ日系移民が日本の進攻に呼応して、アメリカ西部を占領する」という滑稽な話をしている。

一九〇六年（明治三十九年）、日本学童隔離令が施行された。しかしこれは間もなく連邦政府の介入で撤廃された。

オーストラリアでも似た論調の日系移民排斥運動があった。

ホマー・リーの『日米必戦論』のような滑稽な話も、日本が既に充分な海軍力を持ちながらも、さらに国民の負担能力から考えて非常識な規模の建艦を強行しようとする海軍の行動をみると、真実味を帯びてくる。のち、第二次世界大戦で、アメリカが西海岸に住む日系人を強制的に内陸部に隔離した事実と、この滑稽な話は呼応する。

日本の海軍は、明治・大正を経て昭和に至るまで重税に苦しむ国民の姿があるにもかかわらず、さらなる建艦を強行し、アメリカを敵にすることで、軍事費を搾り取ろうとする政策を取ってきた。まさに「海軍あっての日本国」というありさまである。

欧米の各国が、日本人排斥運動を行なった背景には、共通してドイツの顔が浮かんでくる。ドイツは植民地獲得競争に遅れをとり、膨張政策を取っていたため、他列強は脅威を感じ、同盟を組んでドイツを孤立させようとした。

ドイツの対抗策は当時大陸型列強のなかで、しばしば用いられた、標的とする国のマスコミを懐柔して世論操作し優位に導くという外交手法であり、それに気付いていない日本に的を定めて、日米・日英を離反させる謀略であった。そしてこの謀略は、太平洋戦争まで続いた。

日本海軍のアメリカ敵視政策には、日本のジャーナリストにも責任があった。

一九〇六年（明治三十九年）から日本のジャーナリズムの反米論が盛んになった。それは前記学童隔離令等に関係している。それまでアメリカで日本人は、黄色人種でも特別にアメリカ人学童と同じ扱いをうけていて公立学校に入学できた。しかし、日比谷事件を機に湧き起こった日系人に対する警戒感から、他の中国人・インド人と同一視され、学童隔離令で東洋人学校に転校させられた。

日本人ジャーナリストは冷静に彼我の立場を替えて謙虚に反省しなければならなかったのであるが、同じ黄色人種でも日本人は特別なのだ、とする高慢さを捨てきれなかった。しかも、日比谷事件の野蛮な暴挙は一部学者やジャーナリストの煽動に起因している。アメリカ人から見た場合、恩を仇で返された暴挙であった。

最高実力者・山県有朋に欠けていたもの

陸軍にしても児玉源太郎没後は、奥参謀総長を中心に山県有朋に一歩距離を置いていた。奥参謀総長は、軍人としてはこの上ない人物であったが、山県有朋の横車を押し返す政治力や人脈がなかった。無念のうちにずるずると押しきられていた。

児玉源太郎であれば、山県有朋がこんな横車を押せるはずはなく、たとえ横車にでられたとしても、いつもの調子で気軽に伊藤博文のもとを訪ね、事情を話し、国防に対する自分の思想を述べ、特に国の独立は国民の総力で達せられるものである以上、国防に関する計画は、総理大臣が主導し政府と陸・海が一体となって立てられるべきであると述べたであろう。

それはまた、この問題には明治天皇に絶大な信用のある伊藤を利用すべきだと考えてのことであるが。

伊藤の最大の事蹟は、帝国憲法を制定し、国民から選ばれた議員により議会が構成され、国政の重要事項は議会の議を経て決定される制度を作ったことにあるが、さらに一九〇〇年（明治三十三年）には政友会を組織し、自らその党首となって議会政治の発展に努力していた。

しかし、ロシアとの決戦を控え、実力ナンバーワンの立場からその職を西園寺に渡し、自身は枢密院議長の座につかざるを得なかった。しかし、何とか議会政治を定着させたいとの思いは終生変わらなかった。

これに対して山県有朋は、民選議員による政党の台頭を好まず、特に戦時ともなると軍の鼻息は荒く、山県は陰に陽に政党に圧力をかけていた。

伊藤にとってそんな苦悩のなか、陸軍の実力者に成長していた児玉が前記のような話で相談にきたとしたら。軍人にしてこのような思想の者がいたとなると、砂漠でオアシスに遭った思いで大歓迎したことは間違いない。

早速、憲法の不備に気付く。すなわち、大日本帝国憲法の第十一条に「天皇は陸海軍を統帥す」。第十二条に「天皇は陸海軍の編成及常備兵額を定む」とある。これではせっかく民選議員による議会政治を進めようとしても、政府は国政の一番の課題・国の独立を守ることの埒外にあると解釈されても致し方ない。

これに対し、「国防の問題は政府を中心に政府と軍が一体となって決定すべし」との文言を加え、誤解の余地をなくする必要を感ずる。

そしてさっそく天皇に奏上、陛下も伊藤・児玉の所信を嘉賞し、憲法に準ずる勅語の発布へと進んだであろう。なぜなら、日清、日露の両大戦を通じ、国の独立が戦争によらず平和的手段で護られないかと望んでおられたのが明治天皇であったからである。

ここで、伊藤博文と山県有朋のリーダーとしての資質について検証してみたい。

〔例一〕元治元年十二月、長州藩「正義派」の高杉晋作は、藩を支配している「俗論派」を打倒するため、死中に活を求める思いで下関で兵を起こした。伊藤は晋作の呼びかけに直ちに応じ、手兵の力士隊を率いて参戦。また他の民兵の参加で八十人に達し、勢いを駆って藩の兵器庫を襲い、新兵器を手にした。高杉の動かせる最大兵力の奇兵隊は山県が預かっており、高杉が最初から呼びかけたのに対し、山県はその時点では様子を見ていた。山県率いる奇兵隊の参加は、兵器も手に入り勢いづいた後だった。

〔例二〕日露戦争の開戦にあたり、山県は軍の最高権力者であったが、終始煮え切らなかった。伊藤は当初慎重論であったが、児玉の説明を受け、一日も早い開戦が勝利の要因であることを納得すると、後は敢然開戦論に転じ、早期開戦の口火を切っている。

〔例三〕日清戦争で山県率いる第一軍は連戦連勝、勢いを駆って北京のある西へ西へと進み始めた。山県には清国の首都北京を落とし、功名を上げたいとの意図があった。大本営は、当初計画にない山県の動きに驚き、もし日本軍が北京を窺っていると列強が思い始めると、ただでは済まない。重ねて進軍を止めようとするが聞かないので、ついに「山県より戦況報告を直接受けたい」との明治天皇のお言葉を伝え、上京をうながし、その間に第一軍の西への進軍を止めさせた。

〔例四〕山城屋事件（山県が陸軍大臣時代、陸軍省予算の一割を超す公金を、昔の仲間山城屋和助に不正融資し全額回収不能になった）に代表されるように、地位を利用して公私を弁えぬ不明朗なことがたびたびあった。

　これらの例からも窺えるように、山県には保身とか功名とか、己が付きまとう。山県が最高実力者と認められたころ、膝元の陸軍では長州閥といわれる人事が行なわれていたし、また将来、憲法に基づく民主国家日本にとって重要な、民選議員による議会政治を、高所から育成しようとの配慮はないばかりか、抑えこもうとしていた。こんなことから政党を軽んずる軍の体質が出来たように思われる。

伊藤博文や児玉源太郎には、名誉欲とか権勢欲とか己が全くなく、ひたすら国家国民のため働いている。

しかし、日露間の講和が成立した翌年、児玉源太郎が五十四歳の若さで亡くなり、さらにその三年後、伊藤博文が凶弾に倒れると、山県が日本のトップの座に躍り出た。確かに山県にもいくつかの功績はあるが、トップとなると、特別の資質が要求される。

重工業の根幹、製鉄業の発展

児玉は、出身で人を分け隔てることはなかったし、重要事項は、必ず関係者の意見を聞き、協力を受けながら、しかし決定してからは果断に進めてきた。それは彼の実績を見ると判る。危機の去ったとき、彼は相手が政党員であろうと政治の要職にある限り、その意見を聞いていた。彼が軍拡について、国力に見合うものでないと意味がない、とすることは、民選議員の主張そのもので、彼が生きていれば政軍一体となって国力の増進に向かうことが出来たに違いない。

国力の増進の方向とは、強兵政策を当分たな上げにし、産業、とりわけ重工業を振興することである。重工業を盛んにすることは、児玉源太郎の思想では軍事力の強化に繋がり、雇用の増加で移民問題の解決や国内勤労者の所得向上につながる。

日本の社会は、高いモラルのもと整備されており、国民は正直で勤勉、それに知的水準の高いことは、江戸末期より欧米人旅行者によって紹介されている。

このような基礎があって、早くも金属機械工業では、池貝鉄工などがアメリカ式旋盤の製作を始めていたし、豊田佐吉は鋼製自動織機を売り出した。造船技術に至っては戦艦薩摩を自力で進水させようと考えるほどであり、電信や鉄道の建設、利用技術は先進国並みのレベルに達していた。また、これらの産業に必要な動力となる電力開発も、各地の企業家により英米からの外債を利用するなどして展開され始めていた。

しかし、重工業の根幹を成すものは、製鉄業である。

近年急成長を遂げている韓国や中国が、国内が安定したとみるや、真っ先に手をつけたのは銑鋼一貫の大製鉄工場の建設であった。

ここで、日本の製鉄技術の進歩の課程を、少し長くなるが考えることにする。

日本は中世より砂鉄と木炭を使用したタタラ鉄の生産では進んでいた。しかし、これによる生産量は小さく、幕末、蘭学書に書かれている反射炉等の方法も試みたが、すべて満足できる結果をあげることは出来なかった。ただ、そのなかで一つ、近代製鉄技術の一端を背負うものがあった。

それは良質の鉄鉱石を産する東北、釜石である。

一八五七年（安政四年）、大島高任がオランダを通じて入った技術書を頼りに、釜石に洋式高炉を築造、鉄鉱石を粉砕したものと木炭を使って製鉄に成功している。

明治政府はこの地場産業に目をつけ、時の工務省はこの釜石村まで鉄道を延ばすほど熱を入れて、イギリスの指導のもと高炉による官営釜石製鉄所を創設した。

しかし、その結果は高炉閉塞という致命傷となり、せっかくのこの製鉄所を放棄する事態になった。外来技術を妄信した失敗である。

しかし、これを救った者がいた。それは、この釜石地方で鉄鉱石採掘事業を営んでいた一地方実業家田中長兵衛である。彼はこの廃炉となった高炉等一式を譲り受け、野呂景義らの指導を受け、種々工夫を重ね、何とか高炉操業に成功し、ここで出来た銑鉄は陸・海軍の造兵工廠に送られ、そこで出来た鋼は、価格のことを除けば輸入品にひけをとらぬものであった。

特に一八九〇年（明治二十三年）、野呂景義は、東京深川の古河コークス製造所で国内産石炭から、製鉄に適したコークスを造り、これを使用して、釜石田中製鉄所の高炉操業に成功した。

これは日本の製鉄の木炭からの脱却を意味し、大規模高炉製鉄に向かう第一歩として、大きな進歩であった。

他方、国の産業発展とともに鉄の需要はうなぎ登りに増加し、タタラ鉄や釜石田中製鉄所産だけでは到底賄い切れない。また価格も輸入品に比べ高い。そこで銑鋼一貫作業により大量に生産される輸入品に頼ることになっていた。

ここで海軍が最初企画したが、のち農商務省の管轄で進められる銑鋼一貫の製鉄所創業に展開することは既に述べた。

この官営製鉄所は一八九六年（明治二十九年）三月、農商務大臣の管轄下で発足、さらに建設地は福岡県八幡村に決定した。

この立地は、製鉄に必要な原材料のうち石炭が最も量的に多いので、その産地、福岡県筑豊炭を考えてのことによる。また鉄鉱石も当初国内産を考えたが、北清事変以降の日清間の友好関係により、清国揚子江沿いにある大冶鉄山から長期購入契約が成立、これを使用することになり、その便も考えた。

この時代、製鉄実績トップの座は、既にイギリスではなく、アメリカとドイツが突出し、年間一千万トンを越えていた。

そこでこの製鉄所建設にあたり、両者を比較して、多用途鋼材を生産しているドイツ式が日本の実情に合うと判断、ドイツ式に決め、鉄・鋼用各種炉を始め、全ての設備を包括して、ターンキイ方式でドイツのG・H・H社に発注した。

G・H・H社はドイツ人技師三名、職工長十六名を送り込んでいる。

このときの契約額は四百六十六万円で、一等巡洋艦一隻購入費の半額に過ぎない。軍拡がいかに国費を消費するものか考えさせられる。

火入れ式は一九〇一年（明治三十四年）十一月で、盛大なものであったが、その操業結果は、高炉からでる銑鉄の質が製鋼に回せないほど悪く、量的にも日産百六十トンのはずがその半分であったり、また、トラブル続きだったりで、一九〇二年（明治三十五年）七月には休止、かんじんの高炉担当のドイツ人技師らが職場を放棄するなど、予想されない事態となった。ここでドイツG・H・H社の技術をあきらめ、日本の技術者の力で再建することになった。

時あたかも、ロシアが朝鮮・満州へと魔の手を延ばしつつあり、日本国内にロシアとの決戦を避けるなとの声が充満しつつあったときである。

急遽、北海道炭鉱の技術指導にあたっていた野呂景義博士（前帝国大学工科大学教授）を招き、八幡高炉の再建を依頼した。

野呂景義は、学識はもとよりであるが、既述した通り、釜石田中製鉄所の再建・操業に深くかかわり、深川のコークス工場で国産石炭で高炉に適合したコークス製造に成功するなど、現場に明るい技術の持ち主であった。

彼はドイツから導入した高炉の欠点や操業上の欠陥数項目を指摘し、また門下生であった服部漸らを集め、再建を急ぎ、一九〇四年（明治三十七年）には順調に操業が進むようにした。

かくして何とか日露戦争にも役立つものとなった。この一年半の努力は、ドイツ人のやり残した炉内の固結鉱滓を狭い炉内作業で除去したうえで、新しく改良を加えた形に炉壁を張り替えるのであるから、まさに想像を絶する神業であった。野呂はこの件に関し、ドイツ高炉は日本が考えていた資源材料に十分な配慮がなく、その操業方式にも問題があったとし、外来技術を妄信し、一流とされる欧米技術者にまかせておけばよしとする、政府要路の安易な取り組みを厳しく批判している。

このことは、日本の技術が既に欧米の一流水準に達しており、日本人技術者に機会さえ与えれば世界一流の結果が生み出せることを示すものであった。

この成功を機会に大幅に集中投資をして、十年後、八幡製鉄所で年産五十万トンの域まで引き上げていれば、日本の産業、経済の発展にどれほど好結果をもたらしたであろうか。

一九一四年、欧州に大戦が勃発、四年間も続くことになる。この当時のアメリカ、ドイツは年産二千万トンの鉄を産していたが、わが国は全部で三十万トン、うち八幡製鉄所二十二万トンに過ぎなかった。

この大戦は、わが国に戦時特需をもたらし、貿易収支の改善となって、大量の外債償還では大変助かったが、アメリカの特需も日本以上のものがあり、日本への鋼材の輸出が止まる。日本の金属加工業は鋼材不足でこの景気に充分な対応が出来ず、旧製法により生産された粗悪鋼を使用するものが出て、日本製は粗悪品との烙印を押された。

この結果は大戦終結後、品質、価格競争の時代に入ると、日本製品に深い痛手を与えることとなった。

日露戦争後の十年は、日本人の知力を存分に発揮して、重工業を伸ばし、産業、経済の基礎を固めるべき重要な時期であった。

児玉の遺志を継ぐリーダーの不在

昭和の日本の悲劇は、少壮軍人が上官の命令を、出先が中央の指示を無視して暴走したこと、またその暴走を制止し、厳正に処断できる指導者が不在であったことにある。

次のことは児玉源太郎が健在であれば必要ない余談になるが、陸軍部内では山県の傘のもと、寺内正毅を中心とする薩長閥が権力を乱用し、軍の要職を薩長閥で独占するなどの不公平が目立つようになって、陸軍部内に不満が充満するようになった。

一九二〇年代（大正末期）に軍の統制の乱れが始まり、それが増幅して止めようがなくなるのだが、そのきっかけについて日本国際政治学会太平洋戦争研究会では、次のように指摘している。

一九二一年（大正十年）、欧州に駐在武官として滞在中で階級は少佐であった陸士十六期永田鉄山（長野）、小畑敏四郎（高知）、岡村寧次（東京）が、ドイツのバーデン・バーデンに集まり（翌日、十七期の東条英機も合流）、欧州大戦後、兵器が飛躍的に進歩しているにもかかわらず、日本に変化がない。改革を進めるため仲間（同人会）をふやし、長州閥に対抗して、軍を動かすことで一致した。

またそのころ、国内では閥外の古参として悲哀をかこっていた宇都宮太郎を中心に、佐賀左肩党という秘密結社が結成され、これに郷党外からも真崎甚三郎、荒木貞夫、山下奉文など多くの実力者が加わって力を増し、表に出ていった。

同人会には十五期の河本大作や、十八期の将校が加わり、さらにこれらの動きに刺激されて、二十一期から二十五期の国策研究会が生まれた。これらの各派は、時に合同集会することもあり、その中でも重要な役割を演じたのが十六期の永田、岡村、板垣、十七期の東条英機、二十一期の石原莞爾である。総意として、

（一）陸軍の人事を刷新して諸政策を強く進める。

（二）満蒙問題解決に重点を置く。

（三）荒木、真崎、林の三将軍を盛り立てながら正しい陸軍に立て直す。

と決議した。

ここから政府の方針を無視した中堅将校による満蒙解決がクローズアップされる。そして軍の近代化と軍縮の問題が政府と軍部の大問題となり混迷が続き、ついに軍拡を抑えようとする政府要人の暗殺にまで発展した。

このような一連の動きは、当初は薩長閥の堅い壁を破ってでも軍の近代化を進め、強い陸軍にしなければという純粋な愛国心に根ざすものであったのだろう。しかし、同志がふくらむにつれエリート意識に冒された傲慢な少壮幹部が現われ始めた。

他方、長州閥はそのころ急激に力を失っていたが、それに代わるように路線や信条の差により、皇道派、統制派などの各種派閥が生まれた。こんな環境で、軍部内を高所から掌握できる実力者がいないため、派閥という集団の力で中央の指令を無視した勝手で過激な行動が起こるようになった。

そして出先機関であるはずの関東軍を先頭とする軍の暴走が、中央の手に負えなくなったころ、派閥人事のチャンピオンともいえる東条英機が関東軍憲兵隊司令官兼警務局長に就任し、続いて起こった二・二六事件（一九三六年＝昭和十一年）で満州にいる同調者（皇道派）を徹底して追放し、永田鉄山亡き後の統制派大幹部として脚光をあびるようになった。そして一九四〇年（昭和十五年）、陸軍大臣、一九四一年（昭和十六年）十月、総理大臣になった。その結末は！

児玉源太郎があと十年も健在であれば、西園寺首相官邸で伊藤博文と激しく対話していることでも判る通り、既にその実力は皆が認めていた。児玉を中心とする陸軍の統制のとれた環境のもと、自然と次のリーダーが育ったであろう。

なおバーデン・バーデンの宿で、深更に及ぶ話し合いは、人事の問題が主であったが、こんな話も出たという。

寺内は、とりたてての戦功もないのに在職中、勲一等功一級伯爵である。軍功著しい児玉さんでさえ、死後、金鵄勲章勲一等功一級伯爵というのに。

もっとも寺内正毅は、武人として厳格で、特に公私の別を重んじた。また部下にもそれを要求した。しかし、彼の上司山県有朋がその点問題の多い人物であったにもかかわらず忠実に従った。児玉は万事是々非々で通し、そのため批判は寺内に集まった。その点、気の毒であった。

ちなみに陸士十六期は、一九〇四年（明治三十七年）十月卒業、恐らく奉天の会戦には参戦していたであろう。

児玉源太郎の近くで仕え、児玉のことを一番知っている後藤新平は、一九一八年（大正七年）、児玉の愛した湘南江ノ島に児玉神社建立を考え、資金十一万円の募金を始めた。

だが捗々《はかばか》しくなく、思いきって台湾へ呼びかけたところ、たちまち満額に達した。

児玉源太郎の生地、徳山には、地元官民の力で一九二三年（大正十二年）、児玉神社が創建され、一九二五年（十四年）には、児玉源太郎の偉業を末永く称える記念樹としてタイワンゴヨウマツが台湾から送られ、同境内に植えられた。

太平洋戦争の米軍の空襲にも負けず、いまも四本が青々と繁茂している。日台の熱い思いを象徴するように。

大正12年、徳山に創建された児玉神社。江ノ島の児玉神社から分祀されたもの。

徳山の児玉神社が創建されるとき、台湾の有志から贈られた5本のタイワンゴヨウマツは、太平洋戦争中に爆撃にさらされながらも4本が生き残り、児玉の偉業をいまに伝えている。

あとがき

歴史に「もし」は禁物だといわれるが、しかし、もし、児玉源太郎が、あと十年生きていてくれたら、その後の日本の歩みは、かなり違ったものになっていたのではないだろうか。児玉は明治日本が抱えていた多くの難問題を克服しながら、偉大な軍人政治家に成長し、日露戦争後は、政府と軍の関係、陸軍と海軍の関係などを含む日本にふさわしい国防方針をまとめようとしていた。その矢先に、五十四歳の若さで急逝してしまった。これが日本の不幸の始まりだったような気がしてならない。

そこで、もう十年長生きしていたらとの思いで一昨年、「六十四歳の児玉源太郎」と題して小冊子をまとめた。児玉の出身地は山口県徳山市（現周南市）で、私の母校が旧制徳山中学校であったため、以前から郷里の大先輩として尊敬し、その伝記にも親しんでいた。しかし、小冊子をまとめてから気づいたのは、六十代以下の方々には、意外なほど児玉が知られていないということであった。

私は、改めて児玉の足跡をたどってみることにした。小著は、児玉が当時まだアジアの一小国であった日本を大国ロシアとの決戦に勝ち抜かせるため、身を削って得た貴重な思想がどのようなものであったかをまとめたものである。

児玉の没後わずか四十年にして、日本国民は太平洋戦争で無条件降伏という、未曾有の屈辱と苦しみを味わった。その主要な原因は、一部の軍人の無軌道な暴走にあったともいわれるが、これをなんとか回避する道はなかったのかと考えたとき、児玉の存在が大きくクローズアップされるように思われるのである。

歿後百年を経たいま、「あと十年生きていてくれたら」との思いは深まるばかりである。

最後に、本書の出版に際しては、多くの方々にご助力をいただいた。

出版のきっかけをつくっていただいた荻野準二、寺嶋進の両氏、ならびに拙稿に対して貴重なご教示をいただいた森脇逸男氏に対して深甚なる感謝の意を表したい。また、光人社出版製作部の坂梨誠司氏にも大変お世話になった。

皆様に心から御礼申し上げたい。

二〇〇六年四月

中村謙司

〈付記〉二〇〇六年六月八日、著者は逝去されました。（編集部）

児玉源太郎　年譜

年	年齢	年譜	国内情勢	国際情勢
1852 嘉永5	0	閏2月25日　徳山毛利藩士児玉半九郎忠碩の長男として生まれる	9月　明治天皇、御降誕 寺内正毅・山本権兵衛生まれる	
1853 嘉永6	1		米使ペリー、浦賀来航 ロシア使プチャーチン、長崎来航	クリミヤ戦争（1853～56）
1854 安政元	2		日米・日英・日露各和親条約調印	
1855 安政2	3		攘夷・開港で幕藩体制ゆるぎ始める 幕府、長崎海軍伝習所、江戸に洋学所開設	
1856 安政3	4	10月　父半九郎幽閉悶死 浅見次郎彦嗣子となる	アメリカ総領事ハリス、下田駐在 吉田松陰、松下村塾で教えはじめる	1～3月　パリ列国会議
1857 安政4	5		幕府、アメリカ使ハリスと下田条約	
1858 安政5	6	次郎彦と姉久子結婚	井伊直弼大老就任 日英・日蘭・日露・日米・日仏修好通商条約調印	ムガール帝国滅亡 イギリス、インド直接統治

西暦・和暦	年齢	事項	日本の出来事	世界の出来事
1859 安政6	7	7月　藩校興譲館に入る	神奈川・長崎・箱館三港貿易開始 吉田松陰・橋本左内等刑死	ペンシルバニア州石油採掘始まる 清国大沽砲台で英仏軍攻撃 英仏軍と戦争再開
1860 万延元	8		井伊直弼大老殺害	ロシア、沿海州領有
1861 文久元	9		和宮降嫁 対馬、ロシア海軍に占拠される。六ヵ月後、イギリス海軍の威嚇で退去	アメリカ南北戦争
1862 文久2	10		7月　長州藩、尊王攘夷に転換する	フランス、コーチシナ獲得
1863 文久3	11		5月　馬関戦争 6月　高杉晋作、奇兵隊等編成 8月　朝議一変し長州藩、宮廷守護の役を追われる	ロンドン地下鉄開通
1864 元治元	12	8月　義兄次郎彦斬殺・児玉家断絶	7月　京都蛤御門の変（禁門の変）、長州藩追討勅令 8月　英・米・仏・蘭連合軍、馬関攻撃。高杉の努力で何とか講和 11月　長州藩、責任三家老の首を提出、恭順を誓う	

			12月　高杉晋作、藩論挽回のため下関赤間関に挙兵	
1865 慶応元	13	7月　児玉家再興、源太郎中小姓 10月　馬廻役	1月　高杉軍、大田絵堂で藩正規軍破る 3月　長州藩、武備恭順に変わる 6月　対幕応戦のため兵制改革 11月　幕府三十二藩に出兵命ず。徳川茂承（名古屋）総督	
1866 慶応2	14	源太郎、安芸口に参戦	1月　西郷隆盛、木戸孝充により薩長同盟成る 6月　幕軍進攻、大島口より開戦（四境戦争）	プロシア・オーストリア戦争
1867 慶応3	15		9月　薩長討幕出兵協約 10月　薩長両藩に討幕密勅降下	パリ万国博
1868 明治元	16	奥羽に向け三田尻出港 青森滞陣	1月　薩長軍、鳥羽伏見の戦いで幕府軍を撃退す 9月　会津落城	
1869 明治2	17	箱館に転戦 5月　榎本軍降伏 8月　フランス式兵学修行のため京都の教導隊へ 11月　大阪兵学寮へ	1月　薩長土肥四藩主、版籍奉還奏請 6月　毛利山口藩知事誕生 9月　大村益次郎刺され、11月に死亡 11月　山口藩諸隊を廃し常備軍編成、常備軍の選に漏れた者騒乱	スエズ運河開通 アメリカ最初の大陸横断鉄道完成

1870 明治3	18	2月 騒乱兵鎮圧のため帰国 6月 兵学寮卒、六等下士官 12月 陸軍権曹長	1月 長州藩出身騒乱兵、藩議事館包囲	普仏戦争
1871 明治4	19	4月 陸軍准少尉 8月 陸軍少尉 9月 陸軍中尉	7月 廃藩置県で山口・豊浦・清末・岩国の四県誕生 11月 山口県に統合 薩長土より御親兵三万 岩倉具視欧米派遣	普仏戦争・仏降伏
1872 明治5	20	7月 陸軍大尉	2月 兵部省を廃し陸軍省・海軍省とす 二鎮台、さらに四鎮台となし、御親兵を廃し近衛兵を置く 9月 新橋―横浜鉄道開通	
1873 明治6	21		六鎮台とし、北海道に屯田兵制度創設 徴兵令公布 征韓論紛争	フランス軍、安南攻撃始める
1874 明治7	22	2月 佐賀の乱従軍負傷 8月 熊本鎮台参謀 10月 陸軍少佐。岩永まつと結婚		
1875 明治8	23			

1876 明治9	24	神風連の乱で活躍	海軍兵学寮を海軍兵学校と改称	
1877 明治10	25	西南戦争従軍 熊本城籠城	西南戦争起こる 木戸孝充死亡 9月　西郷隆盛自刃	英領インド帝国設立 ロシア・トルコ戦争
1878 明治11	26	近衛局参謀	5月　大久保利通暗殺 参謀本部設置、陸軍士官学校創設	
1879 明治12	27		6月　東京招魂社を靖国神社に改む	
1880 明治13	28	4月　陸軍中佐。東京鎮台歩兵第二連隊長		
1881 明治14	29			
1882 明治15	30		1月　軍人勅諭下賜	
1883 明治16	31	2月　陸軍大佐	陸軍大学校設立 鹿鳴館完成	

1884 明治17	32			
1885 明治18	33	5月　参謀本部管東局長 7月　参謀本部第一局長	独よりメッケル来日 陸軍の制度、仏式から独式に変わる 内閣制度始まる。伊藤博文組閣	
1886 明治19	34	3月　臨時陸軍制度審査委員 4月　戦時衛生事務改正委員 5月　砲兵隊編制審査委員 7月　士官下士官進級下調委員 9月　陸軍大学校幹事兼務 10月　軍用電信材料改良委員	六鎮台を師団と改称 帝国大学令公布、東京大学を帝国大学に改組 日本近代的機械工業の発達始まる	ドイツ・ダイムラー、内燃機関搭載の自動車を開発 カナダ太平洋鉄道完成
1887 明治20	35	6月　監軍部参謀長 10月　陸軍大学校校長兼補		仏領インドシナ連邦成立 ドイツ軍備拡張
1888 明治21	36	1月　陸軍将校生徒試験委員長兼務	海軍大学校設立	
1889 明治22	37	8月　陸軍少将	2月　大日本帝国憲法発布 7月　東海道本線開通	
1890 明治23	38		10月　教育勅語下賜 11月　第一回帝国議会召集	

1891 明治24	39	10月　欧州へ調査出張	下瀬火薬発明 水力発電事業起きる（京都疎水） 5月　来日中のロシア皇太子遭難	ロシア・ウラジオストックでシベリア鉄道起工式
1892 明治25	40	8月　欧州調査出張より帰国 陸軍次官兼軍務局長	福島安政中佐、シベリア単騎横断出発	
1893 明治26	41	4月　陸軍省法官部長 5月　出師準備品目数量取調委員長	2月　製艦費をめぐる予算につき詔勅 東京砲兵工廠および大阪砲兵工廠増強	ドイツ、ジーゼルエンジン発明
1894 明治27	42	10月　陸軍省所管事務政府委員	8月　清国に宣戦布告	ロシア、西シベリア鉄道開通
1895 明治28	43	3月　大本営陸軍参謀 4月　臨時陸軍検疫部長を兼務 8月　男爵	4月　日清講和条約調印 5月　遼東半島還付の詔勅 5月　台湾統治始まる	三国干渉 朝鮮・ソウルで閔妃殺害
1896 明治29	44	6月　被服装具陣具及携帯糧食改良審査委員長 10月　陸軍中将。臨時政務調査委員長	近衛および十二個師団設置	ロシア東清鉄道敷設権獲得 朝鮮国王ロシア公使館入り、親露政権樹立
1897 明治30	45	10月　清国威海衛に派遣	2月　官営八幡製鉄所開設 6月　京都帝国大学設立	ドイツ膠州湾占領

1898 明治31	46	1月　第三師団長 2月　台湾総督。第三師団長を免ぜられる	6月　隈板内閣成立（最初の政党内閣）	ロシア旅順・大連、イギリス威海衛・九龍、ドイツ膠州湾、フランス・広州湾租借 アメリカ、フィリピンを舞台に米西戦争 アメリカ、フィリピン・グアム併合
1899 明治32	47			アメリカ、対清門戸解放宣言 スペイン南洋諸島をドイツへ売却 イギリス南アフリカ・ボーア戦争 義和団事件―北清事変へ
1900 明治33	48	厦門派兵中止 12月　陸軍大臣兼務	6月　北清事変で英米の要請を受け一個旅団以上増派	日英米仏等の連合軍、天津・北京進駐 ロシア軍満州に派兵開始
1901 明治34	49		4月　昭和天皇誕生 官営八幡製鉄所創業開始 山陽本線全通	アメリカ・テキサス州で大油田発見
1902 明治35	50	3月　願により陸軍大臣兼務を解かれる	1月　青森連隊、八甲田山雪中行軍遭難 1月　日英同盟成る	シベリア鉄道全通 イギリス、ペルシャの石油採掘権獲得 ロシア、満州から第一回撤兵。以降実行せず
		1月　郷里に児玉文庫設立	満州問題で再三ロシアに対し交渉するが進展	ロシア、朝鮮半島にも拠点

1903 明治36	1904 明治37	1905 明治38
51	52	53
6月　ヨーロッパ、南アフリカ、アメリカ出張 7月　内務大臣と文部大臣を兼務 9月　文部大臣を免ぜられる 10月12日　参謀本部次長。内務大臣を免ぜられる	2月　大本営参謀次長兼兵站総監 6月　陸軍大将。満州軍総参謀長兼台湾総督	5月　満州総兵站監兼務 12月　日本に凱旋、参謀本部次長事務取扱
ないのみかロシア兵力増強 東京市内電車開業 大阪市内電車開業	2月　日本、ロシアに対し宣戦 大冶鉱山借款成立 第一軍、仁川・鎮南浦上陸、鴨緑江戦を経て遼陽へ 4月　第二軍、塩大澳上陸南山を経て遼陽 6月　第三軍、旅順攻撃開始苦戦。翌年陥落、奉天へ 7月　第四軍、大弧山上陸遼陽へ	1月　旅順陥落 2月　鴨緑江軍奉天へ 3月　奉天の会戦 5月　日本海海戦 7月　樺太占領 7月　桂・タフト陸軍長官覚書 9月　日露講和成立 9月　日比谷騒動 奥羽本線全通
拡大 アメリカ・フォード自動車会社設立	英仏協商	ロシア・血の日曜日事件、革命運動表面化 ロシア・戦艦ポチョムキン号事件 孫文、中国革命同盟会結成 アメリカ・カリフォルニア州を中心に日系人排斥運動始まる(学童隔離令等)

1906 明治39	54	1月　満州経営推進委員長。 4月　参謀総長。台湾総督を免ぜられる、子爵 5月22日　首相官邸で満州問題に関する協議会、伊藤公と激論 7月15日　南満州鉄道㈱設立委員長 7月22日　後藤新平と会談 7月23日　脳溢血で死去	3月　満州経営推進委員会の検討結果を首相に提出 4月　参謀本部次長に福島安正中将、第二部長に松石安治大佐を任命 西園寺首相、南満州の占領地を視察 8月　参謀総長に奥保鞏大将就任
1907 明治40			陸軍十九個師団、徴兵期間を二年制に
1908 明治41			移民問題で日米紳士協定
1909 明治42			10月　伊藤博文ハルビンで朝鮮青年の凶弾にて死亡
1910 明治43			
1911 明治44			中華民国成立、孫文臨時総統就任

1912 明治45 大正元			12月　第二次西園寺内閣、陸軍大臣（上原勇介）問題で内閣を投げ出す	清国・宣統帝退位、清朝滅ロシア・ボルシュヴィキのプラーグ会議
1913 大正2			アメリカ、カリフォルニア州排日土地法成立	中華民国第二革命失敗、孫文日本亡命、大統領に袁世凱就任
1914 大正3			8月　ドイツに対し宣戦（第一次世界大戦に参加）	英・仏・露、対独宣戦（第一次世界大戦）

主要参考・引用文献＊「知将児玉源太郎」生出寿　光人社＊「児玉源太郎」中村晃　PHP研究所＊「名将児玉源太郎」加登川幸太郎　日本工業新聞社＊「児玉源太郎」長田昇「児玉源太郎」出版記念委員会＊「児玉源太郎とその時代展・図録」徳山市美術博物館＊「知謀の人田村怡与造」篠原昌人　光人社＊「軍国日本の興亡」猪木正道　中央公論社＊「日英同盟」平間洋一　PHP研究所＊「満蒙独立運動」波多野勝　PHP研究所＊「明治、大正、昭和秘史」若槻禮次郎　講談社＊「金融小国ニッポンの悲劇」NHK取材班　角川書店＊「満州の誕生」久保尚之　丸善＊「日本陸軍指揮官総覧」前原透　新人物往来社＊「太平洋戦争への道」日本国際政治学会　太平洋戦争原因研究会　朝日新聞社＊「二十世紀どんな時代だったのか　戦争編〈2〉日本の戦争」読売新聞社＊「満鉄調査部」〈上下〉草柳大蔵　朝日新聞社＊「文藝春秋」二〇〇三年（平成十五年）六月号「父が子に教える日露戦争　文藝春秋＊「陸軍士官学校」秋元書房＊「西園寺公望」岩井忠熊　岩波新書＊「原敬と山県有朋」川田稔　中央公論社＊「武士道解題」李登輝　小学館＊「教科書が教えない日露戦争」松村劭　文春ネスコ＊「世界史年表・地図」吉川弘文館＊「日本史年表・地図」吉川弘文館＊「長州歴史散歩」古川薫　創元社＊「山口県の歴史」小川国治　山川出版社＊「小村寿太郎とその時代」岡崎久彦　PHP文庫＊「後藤新平」北岡伸一　中央公論新社＊「福島安正と情報戦略」篠原昌人　芙蓉書房出版＊「政財腐蝕の百年」三好徹　講談社＊「日本を滅ぼした国防方針」黒野耐　文藝春秋＊「陸海軍人物史論」安井倉冥　博文館＊「井口省吾小伝」原書房＊「国史大辞典」吉川弘文館＊「原敬日記」福村出版＊「鉄の文明」大橋周治　岩波書店＊「日本の技術〈2〉鉄の一〇〇年八幡製鉄所」飯田賢一　第一法規出版＊「伊藤博文秘録」平塚篤編　原書房＊「明治の経済発展と中国」周啓乾　六興出版＊「日本キリスト教大辞典」大辞典編集委員会　教文館

【写真提供】毛利就挙＊周南市美術博物館＊国立国会図書館＊雑誌「丸」編集部＊著者

単行本　平成二十一年十二月新装版　光人社刊

NF文庫

史論 児玉源太郎

二〇一七年一月十五日 印刷
二〇一七年一月二十一日 発行

著 者 中村謙司
発行者 高城直一

発行所 株式会社 潮書房光人社
〒102-0073 東京都千代田区九段北一-九-十一
振替／〇〇一七〇-六-五四六九三
電話／〇三-三二六五-一八六四㈹
印刷所 モリモト印刷株式会社
製本所 東 京 美 術 紙 工
定価はカバーに表示してあります
乱丁・落丁のものはお取りかえ
致します。本文は中性紙を使用

ISBN978-4-7698-2987-4 C0195
http://www.kojinsha.co.jp

NF文庫

刊行のことば

第二次世界大戦の戦火が熄《や》んで五〇年——その間、小社は夥しい数の戦争の記録を渉猟し、発掘し、常に公正なる立場を貫いて書誌とし、大方の絶讃を博して今日に及ぶが、その源は、散華された世代への熱き思い入れであり、同時に、その記録を誌して平和の礎とし、後世に伝えんとするにある。

小社の出版物は、戦記、伝記、文学、エッセイ、写真集、その他、すでに一、〇〇〇点を越え、加えて戦後五〇年になんなんとするを契機として、「光人社NF（ノンフィクション）文庫」を創刊して、読者諸賢の熱烈要望におこたえする次第である。人生のバイブルとして、心弱きときの活性の糧《かて》として、散華の世代からの感動の肉声に、あなたもぜひ、耳を傾けて下さい。